KB109316

세계 마케팅의 자유주의

차례
Contents

왜 스포츠마케팅인가?

스포츠, 게임 이상의 가치

2002년 축구에 취해 대한민국을 외치던 거친 함성을 잊지 못할 것이다. 진한 전율을 느끼며 잠시나마 살맛나는 한때를 보낼 수 있었다. 절체절명의 국가 위기 상황도 아닌 한낱 축구 경기 하나가 어째서 그토록 온 국민을 응집시키고, 열광시키고, 감동시켰단 말인가. 뭐가 부족해서인지 다음날 우리는 어김없이 뉴스를 확인하고 재방송으로 되새김질하면서 한 번 더 흥분하곤 하였다. 한때 군대와 더불어 꺼리는 화제 수위를 다투던 축구가 이제는 여성들에게조차 연예가 소식만큼이나 일상적인 화제가 되어버렸다.

우리가 더더욱 감동할 수 있었던 것은 축구 강대국들을 꺾었다는 단순한 승리감 이상의 '희망'을 보았기 때문이었다. 국내 스포츠의 발전은 물론, 사회·문화·경제적 패러다임의 변화라는 희망을 엿볼 수 있었다. 서구 사회에 대한 열등감과 일부 국수주의적인 행태의 애국주의에서 개방적이고 유연한 세계주의 성향을 기대할 수 있게 된 것이다. 또한 기존의 지극히 수직적인 사회 구조 속에서 위로부터의 자극이나 강제적인 응집형태가 아니라 개인의 개성을 중심으로 한 자발적 유대감을 보인 것은 우리 스스로에게 새로운 비전을 제시한 것이다. 아울러 현대경제연구원(2002a)은 월드컵 개최에 따라 우리 경제에 3조 7천6백억 원 가량의 소비 진작 효과와 7조 7천억 원 가량의 국가 브랜드 홍보 효과를 비롯하여, 기업 이미지 제고 효과로 약 14조 7천6백억 원, 총 20조 원이 넘는 파급 효과가 생긴 것으로 추산한 바 있다.

우리는 스포츠를 통해 감동과 흥분을 얻고, 스트레스를 풀기도 한다. 동료들과 돈독한 유대관계도 맺는다. 일상으로 돌아갔을 때 좀 더 능률적으로 업무에 매진할 의욕도 얻는다. 스포츠는 오락성이 강하면서도 건전하고 상쾌하다. 이러한 이유로 우리는 스포츠의 매력에 쉽게 빠져 든다. 우리가 스포츠에 중독되면 될수록 스포츠는 더욱 큰 부가가치를 낳는다. 특히 최근에는 전인교육, 국위 선양, 국민 건강 및 복지 증진으로 대변되는 전통적 스포츠 패러다임에서 미디어 가치 개발, 고부가가치 창출, 생산적 국민 복지 등과 같은 새로운 패러다임으로 전환됨에 따라 스포츠의 비즈니스적인 측면이 부각되고 있다. 스포츠는 더 이상 단순히 경기만을 의미하지 않는다.

국내에서의 스포츠마케팅

국내에서 스포츠 경기에 경제적 논리를 적용하여 본격적으로 스포츠마케팅을 논의하게 된 것은 불과 10년 안팎의 일이다. 1996년 박찬호 선수가 미국 메이저리그에서 성공하고, 1998년 박세리 선수가 미국 LPGA 무대에서 스타로 떠오르면서 우리는 스포츠의 새로운 세계를 접할 수 있었다. 이후 월드컵을 유치하면서 본격적으로 스포츠의 경제적 가치를 논하게 되었고, 스포츠마케팅이란 분야도 점차 일반인에게 알려지게 되었다.

이러한 흐름이 벤처 열풍과 맞물리자 수많은 기업들이 비즈니스계의 블루오션을 꿈꾸며 스포츠마케팅을 표방하고 나섰다. 그러나 초기의 이러한 열풍은 상당한 거품에 불과했고, 얼마 후 대다수가 수익 모델 부재 때문에 사라지고 말았다. 전문적 지식은 물론 최소한의 비즈니스적인 고민에 대해서마저 소홀했던 탓이다. 이후 국내에서는 스포츠마케팅의 성장 가능성은 인정하고 있지만 줄곧 '아직은'이라는 꼬리표를 달고 지내왔다.

우리는 20년이 넘는 프로스포츠의 역사를 지녔음에도 불구하고 거의 모든 팀들이 적자 경영으로 고전하고 있다. 이로 인해 구단들의 마케팅 의식과 노력이 부족하다는 비난도 있다. 역사가 100년이 넘는 미국 메이저리그에서도 절반 가량의 팀들이 적자를 보고 있다는 점으로 미루어 볼 때 국내 시장은 한계가 있다는 회의적인 시각도 있다. 그러나 다행히 이제 우리도 스포츠마케팅 분야에서 성공한 사례를 속속 접하고 있다.

막막하게만 느껴지던 국내 스포츠마케팅의 물꼬를 튼 것은 국내 대기업들이다. 일부 대기업들은 이미 세계화 전략으로 해외 스포츠 이벤트에 대한 스폰서십을 활용해 왔고, 이는 브랜드 자산가치의 상승이라는 결실을 맺는 단초가 되었다. 특히 올림픽을 통한 삼성이나, 월드컵에서 현대의 위상 제고는 대표적인 성공 사례로 꼽힌다. 전 세계인들로부터 열광적인 사랑을 받는 국제 대회는 몇몇 기업들에게만 스폰서십의 기회를 제공한다. 삼성이나 현대는 그런 희소한 파트너십에 참여함으로써, 세계 시장에서의 입지를 급속도로 넓히고 있는 것이다.

사실 국제 시장에서 국내 브랜드들은 뛰어난 품질에 비해 낮게 평가되어왔다는 점에서 이러한 성공이 의미하는 바는 크다. 인류의 가장 근원적 언어인 스포츠를 통해, 차별화된 이미지로 전 세계 소비자들에게 친밀하고 자연스럽게 접근할 수 있기 때문이다. 물론 국내 스포츠 이벤트를 통해 성공한 사례가 부족하다는 점은 여전히 아쉽다. 하지만 국내 기업들이 '스포츠마케팅의 꽃'이라 불리는 스폰서십에서 성공한 것은 자랑스러운 일이 아닐 수 없다. 척박한 국내 시장 환경 속에서 이러한 노하우는 향후 국내 스포츠마케팅 발전에 새로운 비전을 제시한다고 볼 수 있다.

아울러 유난히 굵직한 스포츠 이벤트가 풍성했던 2006년 들어 우리는 우리의 또 다른 가능성을 보았다. 스포츠 경기력이 국제적인 수준으로 높아지면서 스포츠의 상품 가치 역시 향상되고 있는 것이다. 2006년 최고의 성적으로 막을 내린 토리노 동계올림픽에서부터 국내 여자선수들이 여전히 맹위를 떨치고 있는 LPGA, 그리고 야구 월드컵인 WBC에 이르기까지 그야말로 쉴 새 없이 국내 스포츠 상품은 그 저력을 세계 무대에서 발휘하였다. 특히 국제무대에서 경쟁력을 의심받던 국내 프로 야구가 세계 4강 반열에 오름으로써 국내 팬들의 관심과 기대를 집중시켰다. 이승엽 선수가 국제적 조명을 받고 국내 선수들의 상품가치가 높아진 양상은 2002한일월드컵 이후 국내 축구가 인기의 급물살을 탔던 상황과 유사하다. 국제 경쟁력을 확인한 국내 프로 야구 또한 최대의 기회를 맞은 것이다. 우리 스포츠 상품의 품질이 하나둘 향상되는 것을 볼 때마다 국내 스포츠마케팅 시장의 전망이 밝아지고 있음을 직감할 수 있다.

한때 황금알을 낳는 거위라 불리던 스포츠마케팅 분야에서 우리도 조금씩 성과를 얻고 있다는 것은 큰 의미가 있다. 스포츠 이벤트는 일회성에 그치지 않는다. 4년마다 열리는 올림픽과 월드컵, 그리고 매년 정기적으로 열리는 각 종목별 리그 등 스포츠가 우리에게 던져주는 기회는 계속 이어진다. 물론 아직까지도 국내 스포츠마케팅은 사실상 걸음마 단계에 불과하다. 그러나 국내 스포츠 상품의 가치가 향상되고 국내 기업들의 스폰서십 전략이 점차 활성화됨에 따라, 우리도 이제는 스포츠마케팅의 꿈을 이룰 수 있다는 가능성을 확인하게 되었다. 더 이상 기회를 놓쳐서는 안 된다. 지속적으로 세계 스포츠마케팅의 동향과 정보를 주시하면서 스포츠마케팅에 더욱 세심한 관심을 기울이고, 통찰력을 키워나가야 한다.

스포츠와 마케팅의 인연

스포츠마케팅은 '스포츠'와 '마케팅'의 합성어다. 이때 마케팅Marketing이란 시장을 의미하는 'market'과 진행형을 뜻하는 '~ing'의 결합으로, '교환이 이루어지는 시장이 끊임없이 돌아가도록 하는 일련의 노력'을 뜻하는 것이다. 이러한 마케팅 개념이 스포츠 세계에 접목된 것은 어찌 보면 당연한 일이다. 마케팅 개념은 시장에서의 교환을 통하여 인간의 필요와 욕구를 만족시켜주며 기업의 생존과 성장을 달성하는 데서 출발한다. 이때 '필요'란 어떤 기본적인 만족이 결핍된 상태를 말하고, '욕구'란 필요를 만족시켜주는 수단에 대한 구체화된 바람이라 설명할 수 있겠다. 가령 '스트레스를 풀고 싶다'는 것은 필요이지만, '그것을 위해 축구나 농구를 보고 싶다'는 것은 욕구인 것이다. 따라서 인간이 스포츠를 통해 즐거움을 누리고 스트레스를 풀고자 하는 본능이 존재하는 한 어떻게 이 욕구를 충족시킬지에 초점이 맞춰진 마케팅 행위는 필연적으로 존재한다.

소비자들은 필요와 욕구를 충족시키고 스포츠 조직은 경제적 이익을 취하는 데에는 교환이론이 적용될 수 있다. 즉, 소비자나 스포츠 조직 모두가 만족할 만한 가치를 얻었다고 느껴야 한다는 것이다. 서로가 '원하는 바'를 얻고 이것이 '대가로 지불한 부분'보다 크기를 희망하게 마련인데 이를 마케팅에서는 '가치'(value)라고 한다. 또한 어떤 제품이 사용자에게 제공하는 이러한 효과들을 '편익'(benefit)이라고 한다.

스포츠는 팬들에게 즐거움이란 편익을 제공한다. 이때의 즐거움은 특히 최고의 기량과 화려함, 그리고 일상에서 탈피한 제3의 경험이란 측면에서 발현되고, 한편으로 이러한 즐거움의 극치를 맛보기 위해 보다 프로페셔널한 요구를 하게 된다. 또한 팬들은 자신들이 좋아하는 선수의 경기를 보면서 대리만족과 자신감을 느끼고, 동료들과 공감대를 형성하며, 건강한 사회상을 제공받는다. 팬들은 이러한 편익을 누리기 위해 입장료를 지불한다. 이 대가는 스포츠 이벤트 조직이 수익 창출이란 조직의 목표를 달성하는 데 있어 가장 기본적인 편익에 해당된다.

비단 일반 스포츠팬과의 교환만이 발생하는 것은 아니다. 팬들과 스포츠 이벤트 간의 교환 거래가 활발할수록 기업들은 자사의 홍보 및 광고의 수단으로 스포츠를 활용하게 된다. 또한 미디어 기업은 스포츠 경기를 방송의 콘텐츠로 활용한다. 이들은 스포츠 이벤트의 광고권과 중계권을 얻는 대신 거대한 권리 비용을 지불하고 있다. 뿐만 아니라 스포츠팬들은 응원 도구나 선수들의 유니폼, 모자, 비디오, 기념품 등을 구매하고 있다. 이러한 상품들은 선수, 팀, 혹은 리그로부터 초상권, 저 작권, 및 지적재산권을 구매한 기업들이 제작하여 시판하고 있다. 스포츠 경기 하나에 이해 당사자들은 각자의 편익을 주 고받으며 원하는 가치를 얻고 있는 것이다.

스포츠마케팅이란 세련된 용어는 『애드버타이징 에이지 *Advertising Age*』라는 잡지에서 1978년에 처음 사용하였다. 그 러나 그 개념만큼은 스포츠의 역사와 함께 존재해 왔다고 해 도 과언이 아니다. 가장 오래된 인류의 제전인 올림픽의 역사 속에서도 마케팅의 개념을 찾아볼 수 있다.

고대 올림픽은 근대 올림픽 이전에 이미 1,200년간 끊이지 않고 계속된 바 있다. 예수의 탄생 당시 이미 800년의 역사를 지닌 상태였던 올림픽은 예수가 죽은 뒤 400년 후에 기독교 칙령에 의해 금지되었다가, 이후 1,400년 만에 근대 올림픽으 로 부활하여 현재에 이르고 있다. 고대 스포츠 제전은 주요 도 시에서 벗어난 펠로폰네소스 외곽에서 벌어졌음에도 불구하 고, 4만 명의 관중이 운집했다고 한다. 선수들뿐만 아니라 재 주꾼서부터 시인, 예술가, 마술사, 곡예사, 그리고 행상인들까 지 북적거렸다 하니, 종교의식으로 올림픽이 행해졌음에도 불 구하고 거대한 축제 분위기로 이미 경제적 이윤을 추구하는 자들이 존재했던 것이다.

우승한 선수는 신성한 종교적 기운을 얻어 위대한 존재로

칭송되었고, 종교적인 측면에서 보자면 일생에서 신과 가장 가까워질 수 있는 방법이 올림픽의 승자가 되는 것이었다. 우승자가 되기 위해서는 매우 집중적으로 훈련해야 하고 한두 종목만을 전문으로 하여 지금의 트레이너와 같은 사람에게 도움을 받아야 했다. 또 치열한 경쟁 때문에 고대 그리스인들은 대회 몇 개월 전부터 혹독한 훈련에 들어갔다. 처음에 기초 체력을 쌓고 그런 다음 전문 기술을 익히고 그 다음엔 기술을 다듬는 훈련 과정이 오늘날과 같았다. 기원전 6세기에 이미 식단과 훈련 프로그램들이 트레이너들에 의해 마련돼 있었다.

그러나 대부분의 스포츠 역사가들은 스포츠 상업화의 시점을 19세기로 잡고 있는데, 축구의 대중화 과정을 통해서 이를 확인할 수 있다. 축구는 원래 영국 남부에서 엘리트 계급을 중심으로 행해졌다. 이후 1863년 남부 사립학교의 축구 클럽들이 모여 FA(Football Association)를 결성하면서, 엘리트 계급을 중심으로 한 여가 활동으로 클럽 대항 경기가 성행하였다. 이 시기에 노동자들은 대량 생산 방식의 공장에서 피로, 스트레스, 그리고 인간 소외를 경험하고 있었다. 방직공장 근로자들은 열악한 근무 환경 속에서 휴일 축구경기를 행하는 것을 일상의 즐거움이자 희망으로 여기게 되었다.

점차 축구의 인기가 높아지자 공장주들은 좀 더 좋은 시설을 갖추고 선수들에게도 좀 더 높은 임금을 지급하며 공장 일보다 축구 훈련에 집중하도록 하였다. 그리고 높아진 지출 비용을 마련하고자 관중들에게 돈을 거두며 수입을 늘리기 시작하였다. 1900년대에 들어서는 1만 개의 클럽이 FA에 가입했고, 1913년 결승에서는 12만 명의 관중이 운집하는 등 유럽에서의 축구 인기는 날로 높아갔다. 그리고 영국의 해외 식민지를 중심으로 세계 각지로 퍼져나갔다. 이후 축구는 1927년 1월 22일 런던 하이베리에서 벌어진 아스날과 셰필드 유나이티드 팀의 경기가 라디오로 처음 중계되었다. 그 뒤 1938년 5월 영국의 국영방송 BBC가 FA컵 결승전 프레스톤 노스 엔드와 허더스필드의 경기를 녹화 편집하여 방송했는데, TV 덕분에 보다 많은 인기를 누리면서 본격적으로 축구의 상업화가 진행되었다.

스포츠마케팅의 독특한 시장 구조

스포츠마케팅은 스포츠 산업의 꽃으로 불리는 프로스포츠를 통해 이해하는 것이 빠를 것이다. 이때 가장 근본적인 스포츠 상품은 경기 자체이다. 스포츠 경기는 서비스 상품으로 소비자에게 제공되기도 하고, 스포츠의 커뮤니케이션 속성상 기업들에게 광고의 수단으로 활용되기도 한다. 즉, 일반적인 소비시장과는 달리 스포츠마케팅 시장은 소비 대상이 일반 스포츠팬과 기업으로 나뉜다.

스포츠 공급자가 일반 스포츠팬을 대상으로 할 경우, 스포츠 경기는 서비스 제품의 특성과 유사하다. 즉, 제품의 실체가 눈에 보이지 않는 '무형성', 이에 대한 느낌, 인상, 혹은 기억

등이 지극히 개인적 경험 및 성격 등에 따라 달라지는 '주관성', 서비스가 제공되는 순간 사라지는 '소멸성', 그리고 매 순간 동일한 서비스를 제공할 수 없다는 '비일관성'이나 '비예측성' 등 일반 제품 시장에서의 서비스 영역과 닮은 점이 많다. 따라서 좋은 선수를 확보하고, 시설을 갖추고, 좀 더 수준 높은 경기를 제공하고, 팬들에게 경기 및 선수들을 홍보하는 등의 매니지먼트적인 노력을 통해 더욱 많은 팬들이 경기에 관심을 갖고 관람하도록 유도해나가야 한다.

그러나 더욱 큰 시장을 형성하고 있는 것은 기업 대상의 스폰서십과 중계권 시장이다. 이러한 이원적 구조는 스포츠의 커뮤니케이션 속성에 기인하는데, 특히 스포츠마케팅의 진가는 기업 대상의 스폰서십 등에서 나타난다. 최근에는 브랜드 자산가치의 중요성이 높아짐에 따라 브랜드 인지도 상승과 이미지 제고라는 측면에 초점을 둔 스포츠 스폰서십의 활용도가 급속도로 높아지고 있다. 스포츠 이벤트 측면에서도 이제 이들을 통한 재원 확보 없이는 존립이 어려울 만큼 의존도가 높아진 실정이다.

스포츠가 효율적인 커뮤니케이션 수단이 될 수 있었던 것은 정치, 종교, 문화, 언어 등의 장애 요소를 극복하고 전 세계인이 공감한다는 특징 때문이다. 또한 각본 없는 예측불허의 감동과 역동성, 건전함, 화려함 등의 긍정적 이미지는 누구라도 수용하기 좋은 커뮤니케이션 요소인 것이다. 더불어 스폰서 기업은 스포츠 이벤트 현장에서 현장 판매 및 고객 접대의 기회까지 얻을 수 있다.

또한 인기 있는 스포츠 경기는 미디어 콘텐츠로서의 가치를 지니게 된다. 미디어 콘텐츠 가치가 높을수록 광고 시장은 활성화되고, 이 수익을 통해 스포츠 경기 단체는 질적·양적으로 이벤트 수준을 높일 수 있는 것이다.

미디어 상품이 지닌 특성들과 스포츠를 비교해보면 이 둘이 얼마나 미디어와 궁합이 잘 맞는지 알 수 있다. 특히, 두 상품은 모두 일반 소비자들과 광고 시장을 대상으로 하는 이원적 시장 구조를 지녔다는 점에서 가장 유사하다. 즉, 얼마나 많은 사람에게 제품이 도달하느냐의 기준에 따라 광고 시장이 결정되고, 이 때문에 오락적이고 흥미 위주의 상품이 강조되어 양산되는 것이다. 또한 둘 다 직접 소비했을 때만 그 가치를 인지하게 되는 경험재적 성격을 띠는데, 이때 가치는 가격이나 제작비와 무관하다. 그리고 시설이나 동반자 등 주변 환경이 중요하게 작용한다. 이 밖에도 반복 구매 시 흥미가 반감되는 한계효용체감의 법칙이 적용된다.

이러한 이유로 흔히 스포츠와 기업, 그리고 미디어는 스포츠마케팅 시장을 구성하는 3요소라 불린다. 이러한 시장 상황을 정리해보면 그림 1과 같다. 팬들을 대상으로 하는 시장은 매니지먼트적인 사항으로 선수, 감독 및 직원들로 이루어진 각 팀 및 리그의 운영을 통해 경기, 용품, 시설, 프로그램, 이벤트 등의 제품 및 서비스를 팬들에게 제공하고 비용을 받음으로써 생성되는 1차 시장을 뜻한다. 또한 기업 및 미디어를

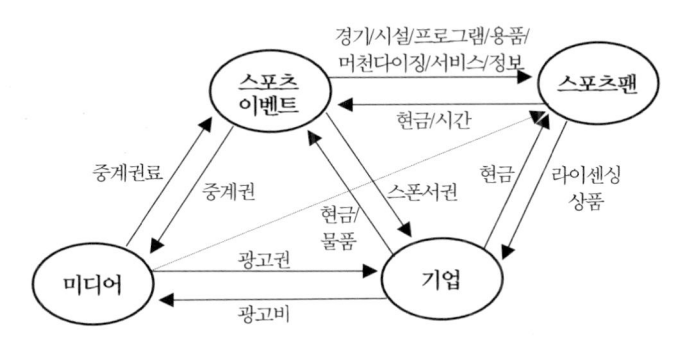

대상으로 하는 시장을 2차 시장이라 하는데, 2차 시장은 스포
츠마케팅에 있어서 가장 큰 수익 구조가 되는 미디어의 중계
권료를 축으로 하여 기업 스폰서십, 그리고 이들 미디어와 기
업 간의 광고 등 스포츠가 수단이 되는 시장이다.

  프로스포츠를 중심으로 스포츠 이벤트의 세계 단일시장화
현상은 미디어 가치와 광고 가치를 더욱더 높이고 있다. 이러
한 가치가 파생되는 것은 근본적으로 스포츠가 지니는 특성에
기인하지만, 스포츠의 가치를 높이는 것은 분명 이러한 기업
및 미디어의 공로라 볼 수 있다. 미디어 가치의 상승과 기업의
스폰서십 등을 기반으로 스포츠의 대중화 및 활성화가 이루어
지는 호순환을 이룬다는 뜻이다.

스포츠마케팅의 개념

  이원적 시장 구조를 바탕으로 스포츠마케팅을 정의한다면

그동안 왜 우리가 스포츠마케팅의 정의를 두 가지로 분류해 왔는가가 쉽게 이해되리라 생각한다. 이에 따라 스포츠마케팅의 개념을 스포츠에 대한 마케팅과 스포츠를 통한 마케팅으로 나누어 살펴보면 다음과 같다.

첫째, 스포츠에 대한 마케팅(Marketing of sports)으로 일반 팬들을 대상으로 하는 스포츠 매니지먼트의 시각을 말한다. 관람 스포츠(주로 프로스포츠)와 참여 스포츠(레저 스포츠 및 사회체육센터 등)에서 많은 관중이나 회원들을 확보하기 위한 일련의 활동들로 이를 통해 조직의 재원을 확보하고 수익을 창출하는 활동이다.

둘째, 스포츠를 이용한 마케팅(Marketing through Sports)을 들 수 있다. 이것은 일반 기업을 대상으로 하여 중계권 및 스폰서십 등과 같이 스포츠를 활용하는 활동들이다. 그리고 미디어는 방송 콘텐츠를 확보하기 위해 거대한 중계권료를 지불하지만, 반면 기업들에게서 광고 수익을 거두어들이게 된다. 기업들은 스폰서십으로 참여하거나 스포츠 중계에 대한 광고를 활용함으로써 자사의 브랜드 인지도 상승, 이미지 제고, 및 매출 증대 등을 꾀한다.

시장의 주체가 누구이든지 스포츠를 통해 돈을 벌겠다는 공통의 목표가 있는 것은 분명하다. 세계 전역에서 연중 끊임없이 펼쳐지는 스포츠이벤트는 이해 관계자들 모두에게 매력적인 기회가 아닐 수 없다.

스포츠산업과 시장의 범위

최근 스포츠의 인기가 높아감에 따라 많은 사람들이 스포츠산업 분야, 특히 스포츠마케팅 분야에서 종사하고 싶어 한다. 그러다 보니 한때 스포츠와 조금이라도 관련된 업무를 다루면 스포츠산업 혹은 스포츠마케팅을 한다고 표방하는 기업들이 우후죽순처럼 등장하기도 했다.

그러나 생각해 보자. 어떤 건설업체에서 스포츠 경기장을 지은 경험이 있다고 해서 이 직원들이 스포츠산업에 종사하는 것일까? 아니면 의류회사에서 스포티한 옷을 판매한다고 해서 이 회사를 스포츠산업 관련 기업에 포함시킬 수 있을까? 또, 대체 스포츠마케팅을 한다고 하는데 누가 무엇을 한다는 말인가? 이러한 의문을 바탕으로 스포츠 산업의 범위와 특히 최근에 이슈가 되고 있는 스포츠마케팅의 구체적인 분야를 언급해 보고자 한다.

산업이란 제조 방식이 유사한 상품을 생산하는 기업의 집합을 일컫는다. 산업은 공급 측면만이, 시장은 수요와 공급 두 측면이 동시에 고려되는 개념이다. 스포츠산업이란 스포츠 활동과 관련된 재화와 서비스를 제공하는 제조업이나 서비스업이라고 정의된다. 즉, '스포츠제조업' 부문과 '스포츠서비스업'으로 나눌 수 있다. 스포츠제조업은 스포츠장비제조업, 프로그램제작업, 스포츠의류업, 스포츠식음료업, 스포츠시설·용품업 등으로 나눌 수 있다. 스포츠서비스업은 관람스포츠업,

참여스포츠업, 스포츠지원서비스업, 용품·용기구유통업 등으로 나눌 수 있다.

어떤 기업이 생산·판매하고 있는 모든 제품이나 용역 중에서 스포츠관련 제품과 용역이 차지하는 비중이 크다면 그 기업을 스포츠관련업체라고 분류할 수 있고, 이들의 모임을 스포츠산업이라고 정의해야 한다. 이렇게 보면 스포츠전문제조업이나 서비스업만이 '스포츠산업'으로 분류된다(그림 2). 반면 스포츠전문제조업이나 서비스업에 포함되지 않지만 스포츠에 사용되는 제품, 시설, 프로그램, 서비스 등을 시장에 공급하는 기업들은 '스포츠 관련 시장'에 참여하고 있다고 구분하는 것이 옳다(임상일, 2003). 그러나 스포츠 분야는 워낙 다양한 분야에 영향력을 미치고 있기 때문에, 스포츠 산업을 정의하거나 분류하기는 훨씬 더 어려워졌다. 그래서 경제학에서조차 애매하게 쓰이는 시장과 산업에 대한 분류 기준을 스포츠에 적용하는 일은 상당히 어렵다.

스포츠 산업		
스포츠 전문업체의 스포츠 관련 상품	스포츠 비 전문업체의 스포츠 관련 상품	스포츠 시장
스포츠 전문업체의 스포츠 무관 상품	스포츠 비 전문업체의 스포츠 무관 상품	

그림 2. 스포츠 산업과 시장의 구분(임상일, 2003)

스포츠마케팅 누가 뭘 한다는 말인가?

그렇다면 스포츠산업에서든 스포츠시장에서든 실질적으로 스포츠마케팅이란 누가 무엇을 하는 분야인가? 이를 위해 현재의 스포츠마케팅 분야의 업무 내용을 아홉 가지 영역으로 분류하여 살펴보았다. 만약 스포츠 마케터를 꿈꾼다면 이를 통해 각 분야별로 어떠한 자격 요건이나 자질을 키워나갈지를 각자 정리할 수 있을 것이다.

첫째, MLB, NBA, KBL, KBO 등 프로 리그 및 구단 등에서의 업무를 들 수 있다. 이는 흔히 둘로 나뉜 스포츠마케팅의 정의에 비추어 볼 때 훌륭한 구단을 만들기 위한 매니지먼트적인 측면과 기업들을 상대로 펼치는 마케팅적 노력이 동시에 요구되는 대표적인 분야이다. 즉, 좋은 선수를 영입하고, 시설을 개선하고, 양질의 식음료 및 부대시설을 제공하고, 팬들에 대한 서비스를 향상시키는 노력을 통해 관중을 확보하는 것이다. 또한 이를 통해 더 좋은 조건으로 미디어 중계권 협상을 이끌어가고 기업들에게서 좀 더 많은 스폰서 수익을 올리려 계획한다.

둘째, 나이키, 아디다스, 리복 등 스포츠용품 기업들이 있다. 이 경우 신발이나 의류 등의 스포츠용품을 제조하여 시중에 유통시키고 판매하는 모든 과정을 담당하고 있다. 하지만 이들이 스포츠마케팅 영역에서는 주로 유명 선수들이나 스포츠 이벤트와의 현금 및 용품 스폰서 계약을 통해 자사의 기술력을 높이고, 매출 증대 및 시장 점유율 향상에 주력한다.

셋째, 조이포스 등 라이센싱 및 머천다이징 관련 분야로 아직까지 시장 규모는 미미한 편이다. 라이센싱은 인지도가 높은 스포츠이벤트의 로고나 엠블렘 등을 사용할 권리를 구매하여 이를 자사의 제품에 활용하는 것으로, 주로 인지도가 약한 중소기업의 상품들에 활용된다. 머천다이징 분야는 선수들의 캐릭터 상품이나 응원도구와 같은 구단의 기념품 제작 등을 말하며, 아직까지는 팬들에 대한 판촉물 수준에 머물러 있는 실정이다. 더욱이 이러한 시장은 지적재산권이나 초상권 등의 보호 체계가 필수적이나 아직까지 국내에는 이러한 문화가 충분히 성숙하지 않았다고 볼 수 있다.

넷째, 삼성이나 현대, 엘지 등의 일반 기업이 참여하는 스포츠스폰서십 업무를 들 수 있다. 이들은 대부분 스포츠마케팅 전담 부서를 두고 있으며, 에이전시를 통해 업무를 추진하기도 한다. 이때 에이전시를 통한다 하더라도 기본적인 추진 방향과 계획은 전담 부서를 통해 이루어지는 것이 효율적이다. 최근에는 국내 기업들의 해외시장 진출 전략으로 스포츠 스폰서십을 적극 활용함에 따라 대규모 스폰서십 계약 사례가 늘어나고 있다.

다섯째, 스포츠에이전시 혹은 선수에이전트 분야가 있다. 이들은 기업 스폰서십 및 마케팅 사업을 대행하거나 선수 대리 업무를 수행하게 되는데, 국내에서는 제일기획, 금강기획, LG애드 등 일반 광고 에이전시를 포함하여 많은 스포츠에이전시들이 활동하고 있다. 특히 종합 광고에이전시의 경우 통합적 마케팅 프로모션의 측면에서 기존에 갖추고 있는 다양한 부서와의 업무 연계를 통해 더욱 큰 시너지 효과를 얻고 있다. 반면 선수에이전트 분야의 경우, 아직까지 축구를 제외한 대부분의 종목에서 선수 대리인을 인정하지 않고 있다. 이처럼 개별 스폰서를 허락하지 않는 상황에서 선수 에이전트 사업이 큰 시장을 확보하고 있다고는 보기 어렵다.

여섯째, 국내에는 비교적 낯설지만, 스포츠 케이블 TV 등 미디어 분야에서 종사하는 것이다. 스포츠보도, 제작, 기사, 해설 등의 업무들도 이에 해당한다고 볼 수 있다. 최근 국내에서는 IB라는 에이전시 기업이 국내외 굴지의 스포츠 콘텐츠를 독점적으로 확보한 후 재판매 수익을 노리거나 자사의 전문 스포츠 방송을 통해 방영한 사례는 향후 중계권과 관련한 수익모델을 기대할 수 있는 흥미로운 사건으로 볼 수 있다.

일곱째 분야는 스포츠 프로그램 및 리조트 등의 참여 스포츠로, 최근 국내에 불어 닥친 웰빙 열풍으로 그 분야가 확산되고 있다. 이 때문에 요가를 비롯한 각종 휘트니스센터, 유아체육센터 및 각종 스포츠클럽들이 급증하고 있다. 리조트의 경우, 서울 인근에 스키장이 수적으로 늘어났을 뿐만 아니라 질적으로도 많이 향상되었다. 골프 또한 대중화 여론을 타고 예전에 비해 그 수가 급격히 늘어나고 있는 추세이다. 이 밖에도 수상 종목들이나 아이스링크 등 참여 스포츠를 위한 리조트 및 프로그램이 다양하게 제공되고 있다.

여덟째, 대한체육회, 국민생활체육협의회 및 각종 협회 등 스포츠행정기관 등에서 이루어지는 업무 분야이다. 특히 국내의 경우 그동안의 엘리트 체육 중심에서 탈피하여 생활체육을 활성화시키고자 각종 협회들의 노력이 분주하고, 아마추어 종목에 있어서도 마케팅의 개념과 기법을 도입하려는 노력이 이루어지고 있다.

아홉째는 학술 분야로, 스포츠마케팅의 열기와 함께 각 대학 및 연구기관에서도 이에 대한 연구가 늘어남에 따라 교수 및 연구원의 수도 증가하였다. 이미 많은 대학에 스포츠마케팅 전공이 개설되었으며 전문 연구 기관들이 생겨났는데, 비록 아직까지는 실무와 연계된 활동이 극히 적지만 교육계 속에서 나름대로의 영역을 구축하고 있다.

훌륭한 스포츠마케터란

"천재는 노력하는 자를 이기지 못하고, 노력하는 자는 즐기는 자를 당하지 못한다." 무작정 열심히 하는 시대는 지났다. 자신이 좋아하는 일에 순수한 열정을 갖고 즐거운 마음으로 노력할 때 충분한 재능과 성과를 얻을 수는 있다는 말이다. 특히 스포츠 분야에서는 소비 대상이 일반 마케팅 시장에서보다 훨씬 더 열정적이며, 스포츠를 통해 즐거움과 감동 등의 오락적 요소를 기대하기에 이 점이 더욱 중요하다.

스포츠마케터는 매 순간 급변하는 스포츠시장 환경 속에서 주어진 시간 내에 명확한 의사결정을 내리기 위해 신속하고 정확한 판단력, 추진력, 및 책임감을 필요로 한다. 아울러 업무를 추진하고 계획을 수립할 때, 번뜩이는 아이디어만으로 통용되는 경우가 극히 드물다는 점을 명심해야 한다. 창의적 발상은 골똘히 공상을 하면서 얻어지는 것이 아니다. 수많은 자료를 검토하고 정보를 수집 관리하는 과정에서 새로움이 재창조되기 때문이다. 이 밖에도 고객에게 신뢰를 줄 수 있는 신용 또한 스포츠마케터에게는 필수적이다.

이러한 내용들이 훌륭한 스포츠마케터가 되기 위해서 갖추어야 하는 기본적인 성향이라면 다음에 설명하는 것들은 후천적인 노력을 통해 길러야 하는 사항들이다.

무엇보다도 스포츠 상품을 이해하고 분석하고 예측할 수 있는 지식과 통찰력이 반드시 있어야 한다. 팬이든 기업이든 소비 대상에게 제공할 수 있는 스포츠 상품을 개발하고 발전시키기 위해서는 스포츠 상품에 대한 충분한 정보와 지식, 그리고 경험을 통해 혜안을 쌓는 일이 선행되어야 한다. 미국에서는 미식축구와 메이저리그의 인기가 높고, 유럽에서는 축구의 인기가 높다는 식의 단순 정보가 아닌, 좀 더 상세한 정보와 이에 대한 냉철한 시장 분석 능력, 그리고 예측력을 지녀야 한다. 이를 위해서는 스포츠 외에도 일반 경영이나 마케팅 및 통계 지식이 수반되어야 한다. 즉, 스폰서로 참여하려는 기업의 전략을 분석한다거나 의사 결정에 유용한 형태로 정보를 가공하기 위해서는 이들에 대한 기본적인 학습이 필요하다.

그리고 다양한 인적 네트워크는 마케터에게 날개를 다는 역할을 한다. 특히 스포츠계는 보수적이고 지극히 폐쇄적이다. 이러한 분위기 속에서, 불가능하다 여겨지던 마케팅 전략을 세우고 실행함에 있어서 인적 네트워크가 큰 힘을 발휘하는 경우는 흔하다. 물론 인적 네트워크란 것이 하루아침에 술 한 잔 같이 한다고 해서 얻어지는 것은 아니므로, 평소 꾸준한 인맥 관리가 필요하겠다. 최근에는 스포츠의 특성상 점차 글로벌화가 이루어지고 있어 어학의 필요성 또한 높아지고 있다.

위와 같은 사항들을 고려할 때 훌륭한 스포츠마케터란 물론 스포츠에 대한 애정을 전제조건으로 가져야 하지만, 이것만으로는 부족하다. 결국 스포츠마케팅은 리더십, 친화력, 창의력, 협상력 및 업무 추진력 등 기본적 소양 외에도 다양한 스포츠 상품에 대한 통찰력과 감각, 소비자 및 기업으로 구성된 시장 분석 능력, 마케팅 커뮤니케이션에 대한 지식, 어학 능력, 그리고 다양한 경험 등을 토대로 한 현장 장악력이 필요한 고도의 전문 분야인 것이다.

스포츠 마케팅의 뿌리, 팬

스포츠와 엔터테인먼트

스포츠는 '전환'이라는 기본적인 의미와 '오락'과 '싸움'이라는 추가적인 의미를 갖고 있다. 스포츠의 어원에 관해 많은 논란이 있지만, 일반적으로 'desportare'라는 중세어에서 유래한 것으로 알려져 있다. 이것이 '기분 전환'을 의미하는 동사 deporter나 desporter로 변화하여 남성명사 desport가 만들어졌고, 이 단어가 11세기경에 영국으로 들어가서 disport로 변형되었으며, 16세기경에 다시 어두가 손실된 sport라는 영어로 정착되었다는 것이다.

웹스터 사전은 스포츠sport를 '즐거움을 얻기 위해 참가하는 신체적 활동이나 기분 전환의 행위'로 정의하고 있다. 위에서 언급한 어원과 마찬가지로 일상에서 탈피하여 즐거움을 누린 다는 의미를 포함하고 있는 것이다. 흥미로운 것은 '엔터테인 먼트entertainment'의 뜻을 찾아보면 이 역시 '기분 전환이 되거 나 뭔가 마음을 끄는 것'으로 정의된다는 점이다. 따라서 스포 츠는 기본적으로 일상을 벗어나 신선한 즐거움을 누린다는 오 락, 즉 엔터테인먼트와 일맥상통한다. 여기에 '일정 규칙하에 신체를 이용한 경쟁적 행위'라는 특성이 더해져 스포츠가 되 는 것이다. 또 한 가지 중요한 점은 이처럼 일상에서 탈피하여 기분 전환을 하고 즐거움을 누리는 행위가 다시 일상 속에서 생산력을 높이는 데에 기여하고 있다는 것이다.

첼라(Chellar, 2001)라는 학자는 스포츠를 통한 즐거움은 경 쟁, 화려함, 제3의 경험이라는 측면에서 비롯되는 것이라 하였 다. 즉, 경쟁이란 수준 높은 경기력을 통해 발생하는 예측불허 의 상황 속에서 참가자의 즐거움은 발생한다는 의미이다. 또 한 올림픽의 개막식 및 폐막식, NFL의 하프타임쇼, 혹은 NBA 챔피언 결정전의 선수 소개 등에서 알 수 있듯이 대부분의 스 포츠이벤트는 흥행을 위한 화려한 오락적 요소를 가미하고 있 다. 아울러 소비자들은 스포츠경기를 관전하면서 소속감 및 사회적으로 유대관계를 형성할 수 있는데 제3의 경험이란 이 와 같은 가치를 의미하는 것이다.

이처럼 스포츠가 자본주의 시장 속에서 점차 오락성을 바 탕으로 대중의 인기를 얻자 자연스럽게 관련 산업도 형성되었다. 즉, 스포츠 산업은 대중의 풍요로부터 얻어지는 자연스런 부산물이고, 좀 더 효과적으로 경제적 가치를 끌어내기 위해 스포츠마케팅이란 분야가 발전된 것이다.

최근에는 경제의 고도성장으로 국민소득 수준이 향상되고 자유시간이 증가함에 따라 사회적 소비 패러다임은 체험에 대한 소비를 강조하고 삶의 질을 중시하며, 소유가 아닌 향유, 평생직장 개념 탈피, 개인주의 발달 및 스포츠의 가치 주입 교육 탈피 등을 중심으로 변하였다. 이제 스포츠를 과거와 같이 종교의식이나 교육적 가치로 행하는 시대는 지난 것이다. 스포츠를 통해 즐거운 시간을 보내고 행복한 삶을 영위하려다 보니 자연스럽게 다양한 사회·경제·문화적 가치가 파생되었고, 이러한 스포츠팬들이 있기에 스포츠 산업은 존재하고 번영해 왔다.

팬덤의 유래와 유형

모든 문화산업에서 주요 소비자인 팬의 기원은 스포츠산업에서 유래되었다. 19세기 말, 오락적 요소가 강조된 이벤트의 성격을 가진 스포츠가 본격적인 산업화 양상을 띠자 팬이 등장한 것이다(조대현, 1998). 팬이라는 어휘는 당시의 언론이 스포츠에 열광하는 관객을 표현하기 위한 의도로 사용하며 발생했다. 그래서 팬의 의미는 '과도하고 오도된 열정'이라는 다분히 부정적인 뉘앙스를 내포하고 있었다. 즉, 당대의 언론은 삶에서 그다지 중요하지 않을 수 있는 오락에 불과한 스포츠에 열광적인 감성을 표출하는 관객들을 비판적으로 보며 팬이라는 어휘를 사용했다고 할 수 있다(김호석, 2000).

팬들이 스포츠를 시청하는 동기를 미디어의 측면에서 접근해보면 다섯 가지로 구분할 수 있다(Gantz, 1981; Wenner, 1998). 첫째, '팬십' 범주로 승리를 통해 스릴을 맛보려는 욕구, 그리고 경기가 주는 흥분과 승자를 확인하고 싶은 욕구가 그것이다. 둘째는 '학습' 범주로 선수들이나 팀에 대한 확인뿐만 아니라 그것에 대한 정보의 획득 욕구로 인지적 범주에 해당한다. 셋째, '휴식' 범주로 사회적 동기로서 휴식을 취하려는 욕구, 스포츠를 시청함으로써 충분한 기분 전환과 간혹 음주의 기회를 갖기 위한 동기가 여기에 포함된다. 넷째는 '사교' 범주로 이는 가족 혹은 친구들과 시간을 보내기 위한 욕구로 스포츠를 참조하는 것에 그친다. 다섯째, '시간 보내기' 범주는 별다르게 볼 만한 것들이 없기 때문에 스포츠로 시간을 소비하는 것을 말한다.

튜더(Tudor, 1974)는 스타와 팬과의 관계를 친밀도와 몰입의 정도에 따라 각각 두 가지 유형으로 구분하고 있다(김호석, 2000). 즉, 친밀도에 따라 '자기 동일시'와 '감정적 친화'로 구분되고, 몰입의 정도에 따라 '투사'와 '모방'이란 범주로 나뉘는 것이다. '자기 동일시'는 친밀도가 매우 높은 팬들에게서 나타나는데, 스타와 자신을 동일시하는 것을 의미한다. 가령 자신이 응원하는 스타 선수가 경기에 패할 경우 마치 자신이

패배한 듯 느끼는 것을 말한다. '감정적 친화'는 이보다는 약한 친밀도를 갖는 범주다. 한편, '투사'는 단순한 모방을 넘어 스타와 자신의 삶을 일치시키려는 극단적인 행위를 하는 팬들을 말한다. 이 때문에 스타는 공인으로서의 책임감을 요구받게 된다. '모방'은 이보다는 약하나 스타의 행위나 의상, 장신구, 머리 모양 등을 선호하고 따르려는 정도를 의미한다.

팬이 좌우한다

스포츠마케팅의 성패는 근본적으로 팬들에게 달려 있다고 할 수 있는데, 이것은 스포츠마케팅의 1차 시장에서 팬들을 대상으로 하여 입장료 수입이나 기타 부대 수입을 올리는 것만을 뜻하는 것이 아니다. 팬들은 기업들의 스폰서십이나 미디어 중계권 등으로 구성되는 2차 시장의 성패까지 좌우한다. 즉, 해당 스포츠 이벤트에 팬들의 관심과 참여가 높아야만 기업들의 광고 및 홍보 효과가 높아지므로 팬들의 규모에 따라 스폰서십의 참여 혹은 비용이 결정되는 것이다. 올림픽이나 월드컵과 같은 대규모 국제 스포츠 이벤트가 기업들로부터 거대한 수익을 거두어들일 수 있는 것도 수백억 명의 전 세계인의 관심과 이목을 집중시키는 덕분이다. 이 때문에 좋은 콘텐츠를 확보하고 시청률을 통해 광고 수익을 거두는 미디어들도 스포츠이벤트에 거액의 비용을 지불하면서 중계권을 확보하려 하는 것이다.

국내 프로스포츠가 수익 창출에 고전하는 근본적인 이유도 결국은 팬들의 관심과 참여를 충분히 끌어내지 못하기 때문이다. 즉, 스포츠이벤트를 매니지먼트하는 1차 시장에서의 마케팅 능력이나 시장성이 부족하기 때문에 결국은 2차 시장으로 파급 효과를 얻기가 어려운 것이다. 예를 들어, 통상 1~2%대로 알려진 프로 야구나 프로 농구의 TV 시청률은 방송 프로그램 중 최하위권이다. 시청률은 결국 팬들의 관심도를 대변하는 기본적인 척도가 된다. 경기장을 찾는 관중 규모를 살펴보면 더욱 실감할 수 있다. 2003년 기준 미국 메이저리그의 평균 관중 규모는 28,000명 선(좌석점유율 61.6%)으로 한국 프로 야구의 5,000명 선(좌석점유율 24.52%)의 5배가 넘는다. 미국 프로 농구 또한 17,000명 선(좌석점유율 87.42%)으로 한국 프로 농구의 3,500명 선(좌석점유율 60.93%)과 비교해 거의 5배에 이른다. 축구의 경우 일본과 비교해보면, J1 프로 축구 평균 관중이 17,000명 선(좌석점유율 70.90%)으로 한국 프로 축구의 9,000명 선(좌석점유율 24.63%)의 거의 2배에 달한다. 유럽 리그와 비교해보면 그 차이는 더욱 극명해진다. 프리미어 리그의 평균 관중은 34,000명 선, 분데스리가가 30,000명 선이었다.

이 때문에 선수들의 연봉은 물론 스폰서십 시장 규모는 더욱더 큰 차이를 보이게 된다. 제1회 WBC에서 미국 선수단의 총 연봉이 약 1천480억 가량인 반면 국내파 선수들의 총 연봉은 61억9천300만원 정도였다. 또한 2002년 미국 MLB는 15개의 공식 스폰서 기업과 아시아, 유럽, 라틴 등 36개의 지역 스폰서와 계약을 맺었고, 각 팀별로도 별도의 스폰서십 계약을 체결하고 있다. 그러나 국내의 경우는 타이틀 스폰서와 모기업으로부터의 지원을 제외하곤 이렇다 할 스폰서가 없는 실정이다.

팬들의 차이가 이만큼 크게 나타나는 것은 구단의 마케팅 노력과 더불어 근본적인 시장 환경에도 기인한다. 무엇보다도 스포츠팬의 규모는 국가의 경제 수준과 밀접한 관련이 있다. 즉, 스포츠 산업은 여가 활동으로 얻어지는 부산물이므로 대중의 풍요는 스포츠에의 참여도를 높이는 요건이 된다. 미국의 GDP는 우리나라의 18배가 넘는데, 2002년 기준 스포츠 소비 수준을 보면 미국은 GDP의 3.35%, 일본이 GDP의 3.88%로 우리나라의 2.15%와 비교할 때 큰 차이를 보인다. 경제적으로 풍요한 만큼 마음 놓고 문화를 즐길 준비가 되어 있으니 스포츠를 즐기기 위한 지출에서도 차이를 보일 수밖에 없는 것이다.

스포츠조직의 입장에서는 팬들의 다양한 유형을 '충성도'란 용어로 표현하고 있다. 더 많은 팬을 유인하고 이들의 충성도를 높이는 전략에서부터 스포츠마케팅은 시작되는 것이다. 일단 스포츠팬들의 높은 관심과 참여를 이끌어낸다면, 이들은 개별적인 소비보다는 가족이나 친구들과 집단적인 소비 행태를 보이며 식사나 술 등의 사회적 활동과 함께 행하기 때문에 연쇄적인 확산 효과를 얻어낼 수 있다.

프로스포츠의 전반적인 시장성을 따지기 위해서는 국가의 경제 수준을 비롯하여 선수 수급 시스템, 도시의 총 인구수, 지역주민의 개인 소득 및 소비 수준, 스포츠에 대한 관심도, 그리고 해당 연고지역에 대한 관심과 지원 능력을 지닌 기업 등의 관점에서 세밀한 조사 분석이 필요하다. 국내의 경우 현재로서는 어쩔 수 없는 시장성의 한계가 있다고 하여도, 리그나 구단 차원에서의 마케팅 노력을 통해 극복할 수 있는 문제들이 분명히 있을 것이다. 특히 국내 축구 국가대표팀 경기의 경우 팬들의 열렬한 호응과 지지를 받고 있어 이제는 기업들에게서 수백억 원 이상의 스폰서 수익을 창출하고 미디어와의 협상에서도 유리한 입장에서 고액의 중계권료를 받기에 이르렀다. 이러한 성공적인 사례를 본보기로 하여, 이제 여타 프로스포츠 리그 및 구단에서도 냉철한 시장 분석과 마케팅 전략을 수립하여 팬들을 유인할 돌파구를 마련해야 할 시점이다.

그런데 가끔은 국내 스포츠마케팅의 척박한 시장 상황의 책임을 소비자들에게 일부 전가시키는 경우를 종종 보게 된다. 가령 온 국민을 열광시키는 축구 대표팀 경기 후 "국내 리그에도 온 국민이 관심과 참여를 보여야 한다"며 진정한 축구 팬으로서의 책임을 당부하는 아나운서의 멘트가 한 예이다. 뿐만 아니라 인기가 떨어져 어려움을 겪는 종목들마다 경기 단체의 운영 방식에 대한 촉구보다는 국민들이 이러한 종목을 살려야 한다며 경기장 방문을 계몽하는 경우도 있는데, 이러한 모습들을 접할 때면 뭔가 거꾸로 가고 있다는 느낌이 든다.

마찬가지로 마라톤이나 휘트니스센터와 같은 각종 참여스포츠에서조차도 건강의 중요성을 내세워 부담스러울 정도로 스포츠를 강요하는 현상도 종종 볼 수 있다.

그러나 스포츠는 어디까지나 각자의 동기를 지니고 자발적으로 참여하는 여가 활동이지, 팬들이 풀어야 할 숙제가 아니다. 사람들은 경제적으로 풍요하고 정신적으로 여유가 있는 상태에서 즐거움을 추구하기 위해 스포츠에 참여하는 것이고, 교육적 가치나 신체적·사회적·경제적 가치 등은 스포츠를 즐기는 가운데 자연스럽게 뒤따르는 것이다. 전문적인 스포츠 마케터가 아닌 일반 팬들이 스포츠를 대하면서 여러 심오한 가치를 부여하려 애쓰거나 그것을 염두에 둘 필요는 없다. 스포츠는 그냥 즐기면 되는 것이다. 스포츠의 상품적 가치를 최대한 끌어올리고 이를 여러 형태로 가공하고, 팬들의 관심을 유인하는 역할은 전문가들의 몫이다. 더 이상 단순히 팬들에게 관심과 참여를 부탁한다고 될 일이 아닌 것이다.

스포츠 마케팅의 날개, 미디어

스포츠와 미디어의 만남

미디어와 스포츠가 처음 관계를 맺은 것은 1733년 5월 5일 미국의 「보스턴 가제트Boston Gazette」라는 인쇄매체에 스포츠 이야기가 실리면서부터다. 1883년에는 퓰리처Pulitzer의 「뉴욕 월드New York World」에 최초의 스포츠 부서가 설치되었다. 최초의 스포츠 라디오 방송은 1921년 RCA 설립자 데이비드 사노프David Sarnoff가 주관한 헤비급 복싱 경기 방송이었고, TV 에서의 첫 방송은 1936년 베를린 올림픽에서 이루어졌다. 1939년에는 메이저리그 야구와 프로 풋볼 게임이 처음 방송되었으며, 이 시기의 영국도 BBC가 윔블던 남자 단식을 통해 스포츠 중계를 실험하게 되었다. 이후 1947년 포드사와 질레트사는 월드시리즈의 TV 중계를 후원하고 그 대가로 6만 5천 달러를 지불하기에 이른다.

19세기 중반 무렵 스포츠 신문은 도시인들에게 '건강을 위해 운동이 필요하다'고 홍보하였다(Adelman, 1986). 스포츠를 조직화하고 상업화하는 데에 일조하게 된 것이다. 또한 스포츠는 신문의 구독률과 방송의 시청률에 영향을 미치는 존재로 그 위상이 높아졌고, 이후 신문사는 스포츠의 조직화에 직접적으로 관여하게 되었다. 「시카고 트리뷴Chicago Tribune」과 「뉴욕 데일리 뉴스New York Daily News」의 발행인인 패터슨은 시카고와 뉴욕의 아마 복싱 골든글로브 경기를 도입했고, 스포츠지 편집장이었던 워드는 야구 올스타 게임과 대학미식축구 올스타 게임을 고안했다(Rader, 1984).

레버와 웰러(Lever & Wheeler, 1984)의 분석대로, 대규모 관객을 동원하는 기업적 스포츠와 개인의 여가를 위한 스포츠가 본격적으로 발전하기 시작했던 1870년대부터 영상 매체인 TV가 본격적으로 보급되기 시작하던 1950년대까지의 스포츠와 매스미디어의 관계는 밀월 기간으로 정의할 수 있다. 이 시기에 스포츠 신문 기자들은 선수들을 정의롭고 다정하며 신사도를 지키는 영웅으로 격상시키는 데 집중했다. 그러나 1950년대에 접어들면서 운동선수들이 TV에 노출되고 정보 전달에서 TV와 경쟁하면서 스포츠 신문의 기자는 선수의 사적인 비리와 실책을 폭로하는 기사를 쓰는 데 노력했고, 이로써 스포츠와 매스미디어 간에는 갈등이 빚어졌다. 그러나 1980년대부터는 다시 스포츠와 매스미디어 간에 공생 관계를 유지하는 타협적인 시기를 형성한 것으로 이해된다.

라디오나 TV에서 스포츠 중계도 처음부터 순탄하지는 않았다. 그 이유는 스포츠 단체가 라디오나 TV 중계로 인하여 관중이 줄어들 것을 염려했고, 더욱이 당시는 수익원을 입장료 수입에 의존하던 단계라 이들 단체의 주요 수익원을 빼앗길 수 없었기 때문이었다. 예를 들어, 1929년 아메리칸리그 구단주들은 라디오 중계방송 금지를 제안하였고, 1938년 뉴욕의 세 팀이 5년간 이에 동의하였다. 그러다가 1930년대 말 브루클린 다저스(현 LA Dodgers)는 라디오 중계를 시작하였는데, 우려한 바와 달리 관중 수는 급격히 증가하였다. 영국의 축구클럽들 역시 관중 수가 줄어들 것을 염려하여 1960년대까지는 TV 방송을 꺼렸지만, 1970년대 후반에 들어서면서 지속적인 축구방송은 오히려 팬들의 관심을 높이는 효과를 가져왔다.

라디오나 TV는 스포츠에 대한 관심을 높일 수도 있지만 관중이 오지 않도록 만들 수도 있었기에 리그는 이들로부터 중계권료를 받게 되었다. 이와는 달리 신문사의 경우에는 스포츠 보도에 대한 중계권료를 지불하지 않았는데 이는 당시 신문이 스포츠 이벤트의 체계화와 상업화를 홍보해주는 이점을 지니고 있었기 때문이다(김원제, 2005).

스포츠와 미디어의 공생관계

스포츠 중계료는 스포츠 단체의 가장 큰 수익원으로, 이는 리그 전체뿐만 아니라 각 구단에도 해당된다. 즉, 리그에서 계약한 중계권료를 각 구단에 분배하여 시장성이 낮은 팀에게도 안정적 재원 확보의 기회가 제공되는데 이러한 아이디어는 미국 슈퍼볼의 아버지라 불리는 피트 로젤리가 고안한 것이다. 이후 이러한 리그 수익의 분배 형식은 많은 스포츠 리그에서 벤치마킹되었다.

미디어는 스포츠의 재정 수익 측면과 홍보에 기여하는 한편, 스포츠에 다양한 변화를 가져오기도 했다. 즉, 경기 일정을 미디어 편성 시간에 맞추거나, 더 많은 광고 수익을 위해 하프타임제도를 쿼터제로 바꾸는 등 경기제도나 규칙에까지도 영향을 미치게 된 것이다. 긍정적인 측면에서 미디어는 비디오 분석 등 선수들의 실력 향상을 위한 도구로 활용되기도 하고, 일반인들이 이를 따라하면서 해당 종목이나 기술을 보급시키는 역할도 하게 된다. 아울러 스포츠의 중계는 일반 산업에까지 영향을 미치게 되었는데, 월드컵이 열리는 기간 동안 TV 수상기 매출이 두 배 이상 늘고, 요식산업이 호황을 누리는 등 일반 경제를 더욱 활성화시키는 것이 그것이다.

반면 스포츠가 미디어 산업에 영향을 미치기도 하는데, 기본적으로 사실성에 근거한 보도의 가치를 지니고 있으며 데이터 기반 정보의 가치가 높아 뉴스나 기사에서 활용되는 것이

그 예다. 또한 인간 승리의 감동 등은 다큐멘터리로 제작되기
도 하고, 극적 상황에서의 역동성과 희열이란 요소로 인해 영
화화되기도 한다. 뿐만 아니라 미디어의 기술 발달에도 기여
하여 왔는데, 정지 화면, 느린 화면, 화면 재생, 이중 화면, 클
로즈업 등의 발달이 그 대표적인 예다.

이처럼 미디어나 스포츠 단체 모두의 입장에서 스포츠 중
계는 중요한 경제적 가치를 낳고 있다. 특히 올림픽이나 월드
컵과 같이 인기가 많은 이벤트일수록 이러한 양상이 심화되어
중계권료 또한 급증하게 된다. 올림픽에서 TV 중계권료가 발
생한 것은 1960년 로마 대회에서부터로, 당시 조직위원회는
미국의 CBS와 계약, 39만 4천 달러에 미국 내 독점 중계권을
팔았는데 이는 전액 조직위의 몫으로 돌아갔다. IOC가 중계
권료 수입을 벌어들인 것은 1968년 멕시코 올림픽으로, 조직
위는 미국 ABC 방송으로부터 450만 달러의 중계권료를 받아
그중 15만 달러를 IOC에 기부하였다. 이후 IOC는 중계권료에
대한 수익성을 높이 인정하여, 1974년 총회에서 'IOC 헌장'에
들어 있던 아마추어리즘에 관한 조항을 삭제하고, '다음 올림
픽부터 중계권료의 3분의 1은 IOC 몫'이라는 규정을 헌장에
명시하기에 이른다.

애초에 상업성을 표방하고 시작한 월드컵의 경우, 축구 중
계권을 따내기 위한 세계 방송사의 경쟁이 치열해지면서 중계
권료도 급상승하였고, 이제는 고도의 미디어 기술력을 자랑하
는 경연장이 되어 TV 중계가 월드컵의 성패를 가늠하는 중요

한 평가 잣대가 되었다. 2006독일월드컵의 중계권료는 약 1조 2,450억 원에 이른다. 이는 1986년 멕시코월드컵 중계권료 402억 원의 30배를 넘는 금액이다. 특히 중계권료는 2002한일월드컵부터 두드러지게 상승하는데(약 1조 660억 원), 이는 중계권 협상 방식이 변화하였기 때문으로 풀이된다. 즉, 과거와는 달리 중간 에이전시가 개입하여 일괄적으로 중계권을 구매한 뒤 이들이 방송국들과 개별적인 협상을 하면서 중계권료의 상승을 부추기게 된 것이다.

좋은 건 같이 보자

최근에는 유료채널의 스포츠 중계권 독점으로 인해 시청자들의 보편적 접근권이 박탈당하는 폐해가 지적되기도 한다. 1997년 유럽연합의 텔레비전 분과는 유료방송이 독점한 스포츠라 할지라도 국민 대다수가 공유하는 사회문화적 가치를 지니는 방송은 무료로 실시해야 한다고 주장하였다. 이로써 유럽 각국은 올림픽, 월드컵 등 대중에게 무료로 제공해야 하는 장르를 선정하고 있다. 이는 스포츠의 보편적 접근권이라는 방식으로 나타나는데, 이를 법제화한 국가들은 유료 TV의 독점권에 우선하여 지상파 무료 TV 혹은 공영방송에 우선적인 방송 권리를 부여하고 있다.

독일의 경우는 하계 및 동계 올림픽, 축구 관련 유럽 및 세계 선수권대회에서 자국팀의 전 경기와 개막전, 준결승 및 결승전, 그리고 독일축구연맹컵의 준결승과 결승전을 무료로 방송한다. 물론 독일의 국가대표팀의 경기와 유럽의 축구연맹컵에서의 독일팀 결승전도 해당된다. 영국의 경우에는 미디어 재벌 머독이 1996년 1월 올림픽의 유럽방송권 획득에 나선 것을 계기로 무료로 인기 스포츠를 시청하는 권리를 지키려는 여론이 발생하였다. 이를 계기로 1998년 영국은 무료로 방송해야 하는 스포츠경기 리스트를 발표하였다. 이 리스트는 A와 B로 구분되는데, 무료 지상파에 의한 의무 중계 경기인 'A 리스트'는 국민적인 공감이 있어 국민을 통합하는 이벤트와 국민적인 연중행사로, 국내외의 빅 스포츠이벤트와 국가를 대표하는 스포츠팀 혹은 선수가 출장하는 경기들도 이에 속한다.

국내에서도 최근 IB 스포츠 에이전시가 아시아축구연맹이 주관하는 대회와 프로 농구 등 각종 굵직한 스포츠 이벤트 중계권을 독점하여 논란을 빚고 있다. 시장의 원리가 무시된 채 공중파의 일방적인 파워에 고전하던 케이블 TV의 반란으로 보는 시각이 있는 반면, 한편에서는 국민들의 볼 권리를 침해 당하는 일로 국내에도 보편적 접근권 개념이 도입되어야 한다는 주장이 일고 있다.

중계권을 둘러싼 힘겨루기

중계권 시장에서 가장 큰 이슈는 중계권료의 급상승에 따른 변화 양상이다. 이로 인해 이해 당사자인 스포츠 단체와 미디어는 나름대로의 다양한 변화를 꾀하고 있다. 즉, 미디어측은 스포츠 팀을 직접 소유하거나 지분에 참여하는 방식으로 중계권 시장에서의 우위를 점하려 하고 있다. 미국의 AOL 타임워너가 애틀란타 브래이브스를 보유하고 있고 월트디즈니의 경우 애너하임 애인절스, 뉴스코프는 뉴욕 닉스 등을 보유하고 있다. 영국의 경우 미디어 그룹의 스포츠 팀 지분을 10% 이상 보유하지 못하도록 제한하고 있다. 그래서 영국의 디지털 방송사인 BSkyB(British Sky Broadcasting)는 첼시 구단과 맨체스터 유나이티드 등의 지분을 각 9.9%대로 보유하고 있다. 아울러 고액의 중계권 협상 시 미디어 그룹들은 공동 협상 내지는 컨소시엄을 구성하여 참여하고 있다. 국내의 경우에는, MBC, SBS 등이 컨소시엄을 구성하여 월드컵이나 메이저리그 중계권을 획득한 바 있다.

최근에는 케이블이나 인터넷 미디어와 파트너십을 구축하기도 한다. 심지어는 중계권을 포기하고 그 비용으로 자체적인 새로운 리그를 창설한 예도 있다. 날로 치솟는 막대한 중계권료로 인해 MLB, NFL, NBA 등의 메이저리그 중계를 포기한 NBC가 WWF(World Wrestling Federation)와 함께 극단적으로 스포츠의 오락성과 경쟁성만을 강조하는 미디어를 위한 스포츠 리그인 XFL(Xtreme Football League)을 창설했다.

스포츠단체의 입장에서는 인기가 높은 종목일수록 중계권 협상에서 기득권을 쥐고 더욱 막강한 권력을 행사하려 한다. 최근에는 스포츠단체가 보유하고 있는 지적재산권, 초상권,

저작권에 대한 권력행사의 수위를 높이고 있다. 일부 스포츠 단체에서는 리그나 구단 차원에서 자체 방송국을 소유하고 있기까지 하다. 미국 프로스포츠에서는 NBA, NFL 등이 2003년부터 자체 채널(DirecTV) 방송을 시작했다. 유럽의 경우 맨체스터 유나이티드와 FC 바르셀로나 등의 축구 클럽이 자체 TV 채널을 창설하여 운영하고 있다.

이처럼 스포츠단체의 힘이 강해지면서 급기야는 스포츠협회가 방송사의 취재를 제한하기도 한다. 최근 미국 LPGA는 스포츠 취재보도도 허가를 받도록 요구하고 있다. 취재보도까지도 스포츠 단체가 통제하고 나선 경우가 이번이 처음은 아니다. 『해외언론동향』(2001)의 자료에 따르면 2000년 9월 미국에서는 포뮬러 원(F1) 자동차 대회가 인디애나폴리스에서 처음으로 개최되어 열띤 취재 경쟁이 벌어졌는데, 주최 측은 행사를 취재하려는 지역방송국에 대해 규약을 제시했다. ABC, CBS, FOX의 지국까지 모두 수용한 이 규약의 내용은 모든 지역 방송국이 매일 대회 프로모터들이 직접 제작하는 2분짜리 자동차 경주 하이라이트 전체를 편집하지 않고, 그대로 방영할 것과 방송국이 촬영한 모든 테이프를 7일 내로 주최 측에 넘겨줄 것을 내용으로 한다. 이를 거부한 지역의 일부 방송사들은 행사장 접근이 금지된 바 있다. 대규모 스포츠 관련 단체가 점차 저작권법이나 계약법, 방송의 권한 남용을 거론하며, 이에 부정적인 언론에는 취재 접근을 제한하는 등의 위협을 가하고 있는 것이다.

방송사 입장에서 보면 자신의 권리를 빼앗는 규약을 거부하면서 경기를 보도할 수도 있지만, 완벽한 접근권을 갖는 다른 경쟁자에 비해 불이익을 받게 된다. 가령 농구 경기 후 코트에서 선수나 코치를 인터뷰할 권리를 들 수 있다. NBA는 허가받은 사진기자만이 일반 보도를 위해 사진을 찍을 수 있으며, 선수들이 사진을 인터넷을 통해 판매하는 것을 금지하고 있다. 최근 LPGA의 경우 평소 흥행 전략으로 선수와 팬들 간의 친밀감을 강조하던 터라 향후 귀추가 더욱 주목되고 있다.

상업화는 더 이상 순수의 타락이 아니다

스포츠의 상업화 논란

최근 각종 스포츠 이벤트에서 상업화와 관련한 많은 논란이 발생하고 있다. 국제 대회에서 우승한 선수들은 상금 외에도 국가로부터 거액의 포상금을 비롯한 각종 특혜를 제공받는다. 2006독일월드컵의 경우 우승국에는 570억 원의 배당금이 주어진다. 2002년 우리나라는 4강에 진입함으로써 80억 원 상당의 FIFA 배당금은 물론 국내 스폰서 기업들로부터 포상금과 병역특혜까지 받았다. 아마추어리즘을 강조하는 올림픽에서조차도 우승한 선수들에게는 국가 차원에서 연금이 지급되며 스폰서 기업에서 별도의 보너스를 받게 된다.

각종 대회마다 가장 큰 수익원으로 자리 잡은 스폰서 기업과 미디어의 영향력은 점점 더 거세지고 있다. 이들의 요구로 대회 일정, 규칙, 제도 등이 변해온 지 오래다. 그만큼 그들이 대회 수익 구조의 절대적인 부분을 차지하기 때문이다. 2006 독일월드컵의 경우 중계권료는 1조 2,450억 원에 이르고, 아테네 올림픽에서는 1조 5천억 원의 중계권 수입을 올렸다. 이에 따라 선수들의 경기는 물론 스폰서 기업, 미디어 등의 경쟁 수준이 과잉으로 치닫는다는 우려의 목소리가 높아졌다. 더욱이 대회 유치국이나 도시의 경우에는 엄청난 경제적 파급 효과를 얻을 수 있는 터라 유치 경쟁은 더욱 치열하다. 결과적으로 대회 조직위원회는 무소불위의 권력을 쥐고 막대한 수익을 올리고 있는 것이다.

점점 더 경제적 논리에 의해 모든 것이 판단되는 현대 사회에 스포츠의 상업화 논쟁은 이미 진부한 이슈일지도 모른다. 나아가 이와 같은 우려 자체가 스포츠의 본성을 잊은 채 순수에 대한 결벽증적 환상을 꿈꾸는 것인지도 모른다. 따라서 이러한 논의에 올바르게 뛰어들기 위해서는 과거 스포츠 이벤트의 역사와 정신을 올바르게 되짚어 보아야 하겠다. 또한 이를 통해서 향후 스포츠 정신을 재고시킬 수 있을 듯싶다.

올림픽, 과거로의 회귀

가장 순수한 아마추어리즘의 이미지를 지닌 올림픽마저도

사실 고대로 거슬러 올라가 보면 강한 프로페셔널리즘을 지니고 있었음을 알 수 있다. 우리가 올림픽 정신을 잃어가고 있다는 것은 어쩌면 단지 잠시 잊혔던 과거로 회귀하고 있는 것인지도 모른다.

그리스인들은 올림픽을 '경기'라고 부르지 않았다. 그들이 부른 이름은 '올림피아 아고나스'였다. '아고나스'는 그리스어로 경기라는 뜻 외에 '전투' 혹은 '전쟁'이란 뜻을 갖고 있었다. 관중은 최고 선수들의 경기를 보고 싶어 했으며, 선수는 목숨을 걸고 승부를 겨루었다. 이에 따라 올림픽에서의 승리는 인간이 도달할 수 있는 최고의 성취를 의미했고, 상상도 못할 정도의 부와 명예 그리고 지위가 승리자에게 안겨졌다. 아울러 경기장 주변에는 각종 재주꾼들과 행상인들이 관중을 대상으로 장사를 하고 있었다.

아마추어로 참가 자격을 제한한 것은 고대 올림픽에서 비롯된 것이 아니다. 아마추어리즘은 빅토리아 시대 영국의 특권적인 엘리트 이데올로기의 산물이다. 이것이 이후의 스포츠에 '이상'으로 계승되어 19세기 말 영국에서 이를 학습한 프랑스의 쿠베르탱 남작이 근대 올림픽을 창시하며 하나의 전통으로 구축된 것이다. 가령 조정 경기에서 엘리트 계층인 자신들보다 노를 잘 저을 뱃사공은 출전을 금지시켰고, 노동자가 육상 경기에 출전하는 것도 자신들보다 팔다리가 더 튼튼하여 유리할 테니 금지시켰다. 또한 상금이 없었기 때문에 가난한 사람은 올림픽에 참가할 수 없었다. 그렇게 해서 어설픈 기량의 부유한 엘리트를 중심으로 '아마추어리즘'이라 하며 계급 스포츠가 생겨난 것이다.

근대 올림픽에의 상업화는 1924년 파리올림픽에서 아이러니하게도 쿠베르탱에 의해 경기장 광고가 허용되면서 이루어졌다. 그러나 근대 올림픽 마케팅의 효시라고 알려진 대회는 1928년 암스테르담 올림픽으로, 당시 코카콜라사는 미국 선수단에게 음료를 제공하며 미국 내에서 코카콜라 선풍을 일으켰다. 이후 1984년 LA올림픽에서 야구 커미셔너인 피터 유베로스가 조직위원장을 맡으면서 본격적인 마케팅을 전개하여 올림픽 사상 최초로 2억 2,500만 달러의 흑자를 기록하였다. 그리고 IOC 국제올림픽 위원회가 아마추어리즘에 대한 규율을 완화한 후 올림픽은 '최고 중의 최고'들의 잔치가 되었다. 우승자는 스타 대우를 받으며 TV 방송과 잡지 기사에 출연할 뿐 아니라 수억대의 광고 수입까지 올리게 되었다.

전통주의자들은 스포츠 스타 시스템이 등장한 것에 대해 올림픽을 상업주의와 이기주의로 오염시키는 일이고 올림픽 정신에 위배된다고 한탄한다. 그러나 이것은 역사와 심리학을 모르고 하는 얘기다.

월드컵, 우린 출생부터 다르다

축구는 1904년 프랑스, 벨기에, 덴마크, 네덜란드, 스페인, 스웨덴, 스위스 등의 7개국 축구협회 대표자들이 모여 국제축구연맹(FIFA)을 창설하면서 공식 경기로서의 토대를 형성하였다. 축구는 1924년 파리 올림픽을 계기로 국제적인 경기로 인정을 받았고, 이후 유럽과 남미의 프로 선수들을 축으로 하며 축구의 인기가 높아지자 아마추어리즘의 올림픽과 별도의 대회가 요구되기에 이르렀다. 그 후 축구는 1928년 암스테르담 올림픽에의 참가를 거부하면서 프로 축구를 중심으로 하는 '축구만의 대회'를 새로이 창설하여, 1930년 우루과이에서 첫 번째 대회가 개최되니, 그것이 월드컵이다. 이처럼 월드컵은 프로페셔널리즘을 모태로 한다.

우수한 선수들의 기량과 인기를 바탕으로 월드컵 대회를 주관하던 FIFA는 그 규모가 날로 커져 1954년에는 85개국이 가입하게 되었다. 1954년 스위스월드컵부터 중계방송이 시작되었고, 1970년 멕시코대회는 인공위성을 통해 전 세계로 중계되었다. 이와 같은 미디어의 발전과 펠레와 같은 스타의 등장은 다양한 상업적 활동을 가능케 하면서 월드컵을 전 세계적인 스포츠로 자리 잡게 하였다.

특히 대회 수익금을 통해 운영되던 FIFA는 아벨란제가 회장을 맡게 되면서 아디다스와 코카콜라의 스폰서십을 통해 수입을 증대시켰을 뿐 아니라 FIFA의 이미지와 인지도를 향상시켰다. 결국 FIFA는 유엔 회원국 189개국 수를 넘어서는 204개국을 회원으로 보유하는 세계적인 단체로 성장하게 되었다. 월드컵 축구는 애초에 프로페셔널리즘을 근간으로 성장해왔기에 세계 4억 5천 명의 생업과 직·간접으로 관련된 거대한 산업이 될 수 있었다.

상업화 현상은 스포츠에서도 예외가 될 수 없다

올림픽과 월드컵의 선수들은 간접적으로 사회의 생산력을 높이는 데 기여하고 있다. 국제적인 스포츠의 경우 국민적 성원을 바탕으로 국가를 대표하는 성격까지 띠기에 그 가치는 더욱 커지게 된다. 반면 이들도 스포츠란 직업을 통해 생계를 위한 수입을 올려야 한다. 그리고 좀 더 수준 높은 경기, 재미있고 박진감 넘치는 경기, 화려한 경기를 보여주기 위해서 치열하게 경쟁하는 것은 당연하다. 아울러 스포츠 이벤트는 평화로운 축제의 의미를 지니고 참가 인원과 팬이 많을수록 그 가치는 빛나게 된다. 반면 대회의 규모, 시설, 참가국, 참가 인원, 관중 등이 규모가 커질수록 대회 운영비용은 늘어나고, 이에 따라 안정된 거액의 재정 확보가 요구된다(표 1). 이러한 측면에서 기업의 스폰서 비용이나 미디어 중계권료는 대부분의 스포츠이벤트에 있어서 가장 효율적인 수익원인 것이다.

스포츠스타가 마케팅 수단으로 활용되거나 대회 스폰서의 영향력이 거세질 때마다 등장하는 것이 '상업주의'라는 비판이다. 특히 문화 영역에서 상업주의는 매우 부정적인 의미로 사용되고 있기 때문에 부작용 또한 크다. 그러나 김호석(2000)은 상업주의를 비판하는 대부분의 문화 비평은 자본주의 사회를 부정하고 있는 것이라고까지 말한다. 시장제도에 기초한

	종목 수	참가국	참가 인원
20회 뮌헨	8	121	7,173
21회 몬트리올	5	92	6,028
22회 모스크바	21	80	5,217
23회 LA	17	140	6,797
24회 서울	21	159	8,465
25회 바르셀로나	22	169	9,367
26회 애틀랜타	27	197	10,318
27회 시드니	24	199	10,651
28회 아테네	28	202	15,000

표 1. 올림픽 대회별 규모 변화

자본주의 사회는 문화 산물의 상품화를 필연적으로 야기하기 때문이다. 만약 우리가 문화 영역에서 상업주의를 완전히 없애려면 자본주의 사회를 시장과 무관한 새로운 질서로 변화시켜야 할 것이다.

이제 스포츠의 상업화는 피할 수 없는 물결이고, 이를 거부하거나 소모적인 논쟁을 벌이기보다는 어떻게 스포츠의 가치를 유지·발전시키면서 경제·사회·문화적 파급효과를 효율적으로 창출하는가를 고민하는 것이 생산적일 것이다. 이에 따라 총론이 아닌 구체적인 방법론이 제시되어야 하고, 이러한 이유로 스포츠마케팅은 더욱 절실해지는 것이다.

스포츠를 통한 세계 시장의 단일화

무엇보다도 스포츠의 세계화는 좀 더 완벽한 수준의 경기를 갈망하는 팬들의 염원과 시장을 개척하여 수익을 극대화시키려는 스포츠 단체의 전략적 판단에서 비롯된다. 세계화 조류는 스포츠를 통해 세계 시장을 공략하려는 기업들과 확실한 콘텐츠를 확보하려는 미디어의 필요에 의해 더욱 힘을 받고 있다.

세계 시장 공략을 위한 미국 MLB나 NBA의 노력은 이미 널리 알려져 있다. 가령 NBA 선수들이 해외에서 3대3 농구를 홍보하거나, MLB가 일본에서 경기를 여는 것 등이 그 예다. 아울러 세계 각지에서 우수한 선수들을 비교적 저렴한 비용에 영입하여 그 선수들의 모국을 새로운 시장으로 개척하는 것 또한 같은 이유에서이다. 이로 인해 해외 시장에서의 광고 효과를 노리는 다국적 기업의 스폰서십 참여는 동반 상승하고 있고, 방송 콘텐츠 역시 다양화되고 있다.

미국 여자 프로 골프 대회인 LPGA의 경우 다른 프로스포츠 종목이나 남자 대회인 PGA와 차별화된 경쟁력을 갖추고자 하였다. 즉, 즐겁고 열정적이고 수준 높은 게임을 보이겠다는 기본 방침 아래 선수들의 보기 좋은 용모와 팬들에게 친근하게 어필하는 전략을 펼쳐왔고, 결과적으로 2004년을 기준으로 80개국 2억여 가구에 중계되는 인기 스포츠로 자리 잡게되었다. 그러나 이러한 성공은 무엇보다도 LPGA 투어가 외국 선수들의 유입으로 다국적화되었기에 가능한 것이다. 1994년의 LPGA 투어에서는 13개국에서 43명의 선수가 활동하였지만, 2004년에는 24개국에서 96명의 선수가 활동하고 있으며,

상금 순위 10위권 가운데 8명이 외국 선수들이다. 이처럼 다국적 선수들이 좋은 성적을 내자 해당 국가들에서 관심을 보이기 시작했고, 이를 바탕으로 TV 중계권료는 10년 전에 비해 10배 이상 늘어났다. 이 가운데 반 이상의 수입이 해외 중계권 판매에 의해 이루어지고 있다.

축구 클럽에서는 각국의 스타 선수들의 영입 경쟁으로 각 클럽의 국제화가 이루어졌다. 특히 유럽의 축구 구단들이 일부 스타 선수들의 천문학적 몸값을 충당하느라 심각한 재정난을 겪고 있는 상황이다. 지난 수년간 구단들이 TV 중계료와 기업 스폰서들을 통해 많은 수입을 올렸음에도 불구하고 스타 선수들의 연봉과 이적료가 천정부지로 치솟아 재정난으로 이어진 것이다. 이에 대한 대책의 일환으로 비교적 연봉이 싼 국가의 선수들을 영입하여 연봉의 부담을 덜고 그 나라를 중심으로 새로운 시장을 개척하는 전략이 보편화되었다. 또한 바이에른 뮌헨(독일), 레알 마드리드, FC 바르셀로나(이상 스페인), 맨체스터 유나이티드(잉글랜드)와 같은 유럽 명문 팀들은 비시즌 기간을 이용, 아시아 투어에 나서며 막대한 대전료와 광고 수익을 올리고, 그들의 브랜드를 아시아 지역으로 확장하고 있다. 실제 레알 마드리드는 2005년 아시아 투어를 통해 2천500만 달러(약 257억 원)를 벌어들였다.

FIFA에서조차도 세계화 전략에 심혈을 기울이고 있는데, 국가 간 기량의 불균형으로 인한 시장의 편중을 해소하고 새로운 시장을 확보하려는 노력이 대표적인 예이다. 특히 2002년 세계 최초로 아시아에서 월드컵을 개최하게 됨으로써 유럽 및 남미 등지에서는 포화상태에 있는 축구 열기를 새로운 잠재시장으로 확장시키려는 시도를 하기에 이르렀다. 또한 아프리카와 아시아 같은 축구 변방의 나라들에게도 국제적인 경기에 참가할 기회를 마련해 주기 위해 청소년 월드컵을 개최하여 새로운 축구 붐을 조성하였으며, 본선 16강 대회이던 월드컵을 32개 팀으로 늘리는 등 제3세계에서의 입지를 강화해 왔다.

베일(Bale, 2003)이란 학자는 이와 같은 스포츠의 국제화를 다음과 같은 일곱 가지 경향으로 설명하고 있다.

첫째, 스포츠 경기의 스케줄뿐만 아니라 제작까지도 통제하는 글로벌 미디어 기업의 개입이 증가하고 있다. 게다가 글로벌 기업은 스포츠를 마케팅 도구로 활용하고 스포츠 프랜차이즈 사업을 전개하고 있다. 둘째, 유럽에서 아시아로 스포츠용품 제조 시장의 이동을 들 수 있는데, 이는 새로운 국제적 분업 관계가 형성되는 것을 의미한다. 셋째, IOC, FIFA 등 국제 스포츠 기구가 등장하여 TV 중계권을 팔아 거대한 수익을 거둬들이는 등 새롭게 시장을 지배하고 있다. 넷째, IMG 등 국제 스포츠 매니지먼트 회사의 등장으로 중계권 판매, 광고 및 스폰서십 획득 등 다양한 활동을 주도하고 있다. 다섯째, 해외용병 선수들의 증가로 국가 정체성이 약화되고 국가보다는 스폰서를 위한 경기가 등장하기에 이르렀다. 여섯째, 전통적인 아마추어 경기의 프로화가 진행되고 국제적인 미디어 상품화가 이루어지고 있다. 특히 주목할 것은 마지막 일곱째로, 스포츠 경기라는 상품이 해외로 침투하는 것은 다른 일반 상품이 해외 시장에 진출하는 것보다 큰 사회적 경제적 파장을 불러 일으킨다는 주장이 그것이다. 스포츠의 경우 일단 한번 빠져들면 영원한 팬이 되기 쉬우며, 게다가 여러 사람들과 함께 동반 관람하는 특징이 있어 문화적 침투 현상은 더욱 거세다. 이로 인해 스포츠 문화의 종속 현상이 발생하거나 자국 스포츠 시장이 위축될 우려도 낳고 있다.

스포츠이벤트의 개최 효과

우리나라는 이미 아시안게임, 올림픽, 월드컵 등 세계적인 스포츠대회를 모두 유치한 바 있다. 특히 1988년 서울올림픽은 국내에도 스포츠가 단순한 경기가 아니라 정치·경제·문화 등 사회 전반에 걸쳐 큰 영향력을 발휘한다는 것을 깨닫는 계기가 되었다. 그러나 당시는 국내 프로스포츠 산업이 일천했고 스포츠가 정치적인 필요에 의해 활용되는 단계에 머물러 있었으니, 스포츠마케팅에 대한 인식이나 노하우가 생소할 수밖에 없었다.

그러나 2002년 월드컵을 개최할 때부터는 상황이 달라졌다. 이미 국내에서 스포츠마케팅에 대한 많은 논의가 시작된 단계였기 때문이다. 월드컵 16강 진출에 대한 국민적 염원과 동시에 대회 개최를 통해 얻을 수 있는 부가가치를 극대화시키기 위한 노력을 기울이게 된 것이다. 따라서 이번 장에서는 지난 2002년 월드컵 대회 개최 사례를 통해 국제적 스포츠 이벤트가 국가, 사회, 경제, 및 스포츠의 측면에 미치는 파급 효과를 살펴보고자 한다.

첫째, 국가적인 측면에서의 효과를 들 수 있다. 역대 월드컵의 경우를 살펴보면 월드컵을 통한 국가 이미지 제고 효과를 확인할 수 있는데, 스페인의 경우 '스페인은 다르다(Spain is Different)'라는 슬로건 아래 독재국가라는 이미지에서 벗어나 민주, 산업, 관광국가 이미지로 전환하는 데 성공한 바 있다. 또한 1998년 프랑스는 다민족 축구대표팀의 승리를 프랑스 내 다양한 인종이 화합하는 국민 통합의 계기로 활용한 성공 사례가 있다.

2002년 월드컵을 개최하면서 우리나라는 기다림에 익숙하고 수동적인 '동방의 해 뜨는 고요한 나라'라는 이미지를 벗어날 수 있었다. 우리나라는 월드컵 이전에는 외국 기업들에게 국가의 이미지 자체가 형성되어 있지 않거나(40.7%), 부정적인 이미지(31.0%)가 더욱 강했으며, 한국의 국가 이미지는 외국에 제품을 판매하는 데 도움이 되지 못하고 있다고 평가되었다(현대경제연구소, 2002a). 그러나 월드컵 이후 국가와 개최 도시의 이미지가 제고되고, 국가 간 교류가 증진되고 있으며, 한일 관계에 있어서도 새로운 관계가 정립되고 있다. 특히 700만 명의 길거리 응원과 끈질긴 투혼으로 이룬 4강 진출의 성과, 그리고 IT 강국 이미지로 '다이나믹 코리아 구축'이라는 슬로건이 서로 부합되어 국가의 브랜드 이미지가 성공적으로 개선되었다. 이러한 결과들은 결승전을 일본에서 여는 대신 대회 명칭에서 Korea를 Japan보다 먼저 사용함으로써 상대적으로 낮은 우리나라의 국가 인지도를 높이려 했던 전략이 효과를 거둠으로써 가능했던 것으로 파악할 수 있다.

둘째, 경제적인 측면을 짚어 보자. 월드컵과 같은 대형 스포츠이벤트 개최가 경제에 미치는 영향력은 세 가지 측면에서 두드러진다. 첫째는 사회적 자본과 인프라로서의 시설 및 공간에 대한 자본 축적 기능이고, 둘째는 이벤트 유치에 의해 소비를 유도하는 소비 유도 기능, 셋째는 스폰서 기업들의 홍보 효과를 들 수 있다.

우리나라 대표팀이 4강 진출이라는 기대 이상의 성적을 거둠으로써 우리 경제는 3조 7,600억 원 가량의 소비 진작 효과와 7조 7,000억 원 가량의 국가 브랜드 홍보 효과를 비롯하여, 기업 이미지 제고적인 측면에서 중장기적으로 약 14조 7,600억 원의 경제적 효과 등 총 20조 원이 넘는 파급 효과를 얻은 것으로 파악되었다(현대경제연구원, 2002b). 또한 삼성경제연구소(2002)는 월드컵 기간 중 경기장 및 주변도로 건설에 2조 3,882억 원, 조직위원회 경상운영비 및 관광 소비 지출에 각각 4,000억 원과 6,825억 원, 대표팀 선전으로 인한 추가적 소비 지출 1조 원의 지출 규모를 추산하였다. 이는 한국전 응원 및 임시휴일 등으로 인한 4,098억 원의 조업 차질과 한국전 경기 시간대 전력 소비량 10% 감소 등의 부정적 요인을 감안하더라도, 총 43만 명의 고용 창출과 총 GDP(2001년 기준 545조

원)의 0.74%에 해당하는 약 4조 원 가량의 부가가치를 2002년 한 해에 얻을 수 있었다는 것을 의미한다. 게다가 5년간 5,270억 원 가량의 수출 효과를 비롯하여 외국인 투자를 촉진시키는 간접 효과도 얻었다.

스폰서 기업을 중심으로 국내 기업들의 홍보 효과는 또 다른 중요한 성과였다. 「파이낸셜 뉴스」와 Fn리서치&컨설팅의 조사 결과(2002)에 따르면, 월드컵 관광객들이 우리나라에 입국할 당시 보인 국내 기업들에 대한 인지도가 출국 시에는 최대 8.6%까지 상승한 것으로 나타났다. 가령 KTF에 대한 외국인들의 인지도는 입국 당시 2.5%에서 출국 시 11.1%를 기록하여 8.6%포인트의 상승률을 보였다. 현대자동차의 경우 인지도 상승률에서는 0.5%로 6위에 그쳤으나 전체 인지도에서는 입국 시 17.2%, 출국 시 17.7%로 1위 자리에 올랐다. 엠부시 마케팅의 대표 사례로 꼽히고 있는 SK는 붉은악마들에게 50억 원의 후원금을 제공하며 응원 관련 홍보로 6.0%에서 8.9%로 2.9% 상승하였다. 이 밖에도 대부분의 국내 기업들에 대한 인지도 역시 상승되었는데, 이것은 특히 IMT 2000, LCD 모니터 등 IT 부문의 기술력을 인정받으며 외국 기업들의 실구매로 이어진 바 있다.

셋째, 월드컵을 통해 우리는 사회·문화적 패러다임의 변화에 대한 가능성을 엿볼 수 있었다. 특히 서구 사회에 대한 열등감, 주눅 그리고 국수주의적인 행태의 애국주의에서 자신감을 회복하고 개방적이고 유연한 세계시민주의적 성향을 보이게 되었다고 볼 수 있다. 또한 기존의 지극히 수직적인 사회 구조 속에서 위로부터의 자극이나 강제적인 응집 형태에서, 개인의 개성을 중심으로 하여 자발적 유대감을 보이며 수평적 사회 구조로 변화할 가능성을 보여주었다고 여겨진다. 뿐만 아니라 경직되고 금욕적인 모습에서 감정에 솔직하고 즐거움을 향유할 줄 아는 여유로운 라이프스타일 또한 반영되었다. 뿐만 아니라, 기존의 권위주의적인 양상, 임기응변적 대처, '편법이 곧 능력'이라는 사고, 목표에 대한 맹목적 성취욕 등의 모습보다는 기초와 기본을 중시하며, 합리적인 수단과 투명한 과정에 의해 목표를 성취하고, 전문성에 바탕을 둔 추진력, 그리고 개인의 개성과 창의성을 중시한 건강한 사회 구조에 대한 바람과 의지가 높아지는 계기가 되었다.

넷째, 스포츠 산업적인 측면으로 볼 때, 무엇보다도 국내 축구 기량이 국제적 경쟁력을 갖추었음을 들 수 있다. 스포츠마케팅에서 가장 근본적이고 핵심적인 상품은 경기 자체이기에 경기력이 국제적인 경쟁력을 확보한 것은 의미하는 바가 크다. 또한 스타 선수들이 발굴되어 해외 무대로 진출할 수 있는 기회도 확대되었고, 기존 강팀에게 느끼던 열등감을 버리고 자신감을 회복하자 팬들의 지지 기반도 넓어졌다. 이에 따라 국내 프로축구리그에서의 서포터스들의 활동도 활발해졌으며 축구에 부정적인 반응을 보이던 여성층의 관심도 얻는 등 국내 축구 시장은 새로운 시장의 기회를 찾게 되었다. 스타 선수들이 수준 높고 재미있는 경기를 보여줌으로써 더 많은 팬들이 경기장을 찾는다는 것은 스포츠마케팅의 성공을 위한 가장 근본적인 필요조건이기 때문이다.

그리고 2천억 원 안팎의 대규모 건설비용을 들여 건설한 경기장에 대한 활용 방안을 고민하면서 본격적인 스포츠마케팅 수익 구조 개선을 모색하게 되었다. 가령 상암경기장의 경우 예식장, 음식점, 쇼핑센터 등 다양한 수입원을 개발하여 유지비 및 수익을 창출하고 있다.

커뮤니케이션의 블루오션, 스폰서십

왜 스포츠 스폰서십을 찾는가?

최근 웬만한 제품들의 기술력이 크게 향상되면서 기능적, 물리적 특성이 동질화됨에 따라 이를 통한 차별화 경쟁은 그 한계를 보이고 있다. 또한 인터넷 등의 정보원 증가로 기업의 커뮤니케이션 경쟁이 더욱 심화되고 있다. 이와 함께 소비자 욕구는 한층 복잡하고 다양해짐에 따라 스폰서십은 기업들에게 새로운 마케팅 대안으로 떠오르고 있다. 이에 따라 엔터테인먼트, 교육, 예술 등에 대한 기업의 스폰서십 참여는 점차적으로 증가해왔는데, 이 가운데 특히 스포츠 분야는 전체 스폰서십 시장의 70% 가량을 차지하고 있다. 스포츠 이벤트 조직의 측면에서는 스폰서십 비용을 통해 운영 경비 및 선수 연봉 등의 재원을 확보하게 된다. 나아가 수익금을 시설 및 경기력 향상 프로그램 등에 재투자함으로써 스포츠 이벤트의 양적·질적 수준 향상을 꾀할 수 있다.

기업들이 스포츠에 참여하게 된 시점은 1928년 암스테르담 올림픽에서 코카콜라의 시음회로 거슬러 올라간다. 또한 코닥 필름은 이 대회에서 올림픽 경기를 상품화할 수 있다는 가능성을 인지하고 각 경기에 대한 초상권을 사들여 다른 경쟁업체와 모든 개인에게 사진 촬영을 금지하는 독점적 권한을 행사하기 시작하였다. 이후 미디어의 발달로 인하여 스포츠 이벤트가 더욱 폭넓게 전달되자 그만큼 스폰서의 매력도도 높아지게 되었다. 아울러 1970년대 초, TV와 라디오 광고를 금지당한 주류와 담배 회사들이 새로운 매체로 스포츠 스폰서십을 이용하게 되었고, 이로 인해 스폰서십의 시장은 급속도로 성장하였다. 최근에는 엔터테인먼트 분야와 연계되거나 다른 프로모션 수단과 통합적으로 활용되고 있다.

스포츠 스폰서십이 효력을 발휘하게 된 이유는 스포츠가 지니는 속성에서 비롯된 것이다. 스포츠는 각본 없이 이어지는 예측불허의 생동감과 무한한 미디어 콘텐츠의 가치를 지니고 있다. 스포츠에 내재된 미디어 콘텐츠로서의 가치란 사실성에 근거한 장르로 뉴스라는 가치를 지녀 지속적인 보도가 가능하고, 데이터를 기반으로 한 오락성 또한 지니며, 다른 문화 영역과의 연계도 수월하다는 장점 등을 뜻한다. 그만큼 스포츠는 풍부하고 흡인력이 강한 콘텐츠이기 때문에 방송 송출 기회가 잠재되어 있다는 의미이다. 그리고 스포츠가 보여주는 역동성, 성취감, 승리, 활력, 젊음, 건강, 당당함 등은 긍정적 이미지 및 자긍심을 높여주고, 이러한 속성은 성별, 나이, 언어, 문화, 정치, 경제 등의 장애 요소를 넘어 전 세계 누구에게라도 친근하게 전해질 수 있다. 이로 인해 스폰서십은 다양한 스포츠 자산을 통해서 경쟁사와 차별화된 이미지로 목표하는 소비자 시장을 공략하려는 기업들에게 가장 효과적인 커뮤니케이션 수단이 되고 있다. 뿐만 아니라 스포츠 스폰서십에 참여할 경우 현장 프로모션 활동까지 가능하여, 이를 통한 현장 판매나 고객 접대의 기회도 제공받는다.

스포츠 스폰서십의 종류와 목표

스포츠 스폰서십의 유형은 그 범위와 권한, 그리고 대상을 기준으로 분류하여 살펴볼 수 있다. 즉, 스폰서십의 효력이 미치는 범위에 따라 국제 대회, 국내 대회, 혹은 지역 대회 스폰서십 등으로 나눌 수 있고, 부여받게 되는 권한에 따라 타이틀 스폰서, 공식 스폰서, 물품 제공 스폰서 등으로 구분된다. 그리고 대상을 기준으로 보면 선수를 대상으로 하는 인도스먼트 endorsement와 이벤트나 스포츠 단체, 팀 혹은 시설을 후원하는 종류가 있다. 또한 스포츠 중계방송에 미디어의 프로그램 광고로 참여하는 스폰서십도 있다.

월드컵의 경우는 첫째 FIFA 공식 파트너, 둘째 공식 지역 공급업체, 셋째 공식 라이센싱파트너 등 크게 세 가지 범주로 구성되어 있다. 공식 파트너는 FIFA 마케팅 에이전시가 직접 선정하는데, 전 세계를 대상으로 공식 명칭과 로고 및 마스코트 사용권, 보드 광고권, 초청장 및 입장권 할당, 인쇄물 광고 기회 등 약 200여 가지의 마케팅 권리가 부여된다. 두 번째, 공식 지역공급업체는 주최국 조직위원회와 FIFA 마케팅 에이전시가 협의하여 추진하는 사업으로 마케팅 권리는 주최국 내에만 해당된다. 세 번째, 공식 라이센싱 파트너는 대회 로고 및 마스코트 등을 각종 상품에 부착하여 판매할 수 있는 권리를 제공하는 것이다. 세 종류 스폰서십은 모두 각 분야별로 엄격한 기준에 의해 선정되어 독점적인 권리를 보호받게 된다. 따라서 스폰서 기업으로 선정되는 것만으로 그 기업의 기술력과 인지도를 가늠하는 척도가 되기도 한다.

최근 브랜드의 자산 가치가 중요하게 인식되면서 브랜드 관리에 힘을 쏟는 기업들이 늘어나고 있다. 사실 브랜드가 처한 상황에 따라 마케팅 커뮤니케이션 전략은 다양하다. 통상적으로는 신제품의 경우 제품의 기능성에 초점을 맞추고, 이후에는 제품의 상징성을 강조해 왔는데, 최근에는 기능성에 대한 광고보다는 소비자의 감성을 자극하고 체험을 제공하며, 브랜드 커뮤니티를 구성하고 소비자 충성도를 강화하는 데 초점을 두고 있다. 이에 따라 스포츠 스폰서십도 고객 접대, 직원 사기 고취, 매출 증진이라는 단기적인 목표보다는 인지도 향상, 이미지 제고, 고객의 충성도 강화라는 장기적인 브랜드 전략을 성취하려는 목표를 더욱 비중 있게 고려한다.

스폰서십을 통한 체험 교감

스폰서십을 활용한 기법들이 다양해지면서 최근에는 인터넷, 휴대폰, DMB 등 다양한 신기술을 이용한 소비자의 체험과 체감이 중요한 이슈가 되고 있다고 한다(손형채, 2005). 브랜드가 고객에게 어떤 경험을 제공할 수 있는가, 그리고 어떻게 고객과 감각적, 감성적 체험을 공유할 수 있는가가 중요하다는 것이다. 이로 인해 판매 현장에서의 판촉을 위한 마케팅 수법이나 수단으로만 인식되어 왔던 BTL(Below the Line)이 새로운 관점에서 그 중요성이 강조되고 있다.

BTL이란 마케팅에서 직접적인 세일즈 프로모션 혹은 가치 확대(Value-up) 활동인 전시, 이벤트, 스포츠 스폰서십, SP, PR, DM, PPL 등의 직접적인 활동을 의미한다. 이 용어는 광고계에서 나온 것으로 전통적인 4대 매체 광고 등을 중심으로 이루어지는 광고 업무인 ATL(Above the Line)과 대비되는 개념이다. 광고업계에서는 예전부터 광고대행사가 고객을 위해 모든 광고 미디어를 예약하고 고객에게 미디어 기업을 대신해서 청구서를 보내는 것이 관례였다. 이러한 업무의 대가로 광고대행사는 수수료를 받은 것이다. 이때 청구서에는 수수료 항목을 기록할 수 있는 칸이 있었고, 그 외에 판매 전단지와 같이

미디어 수수료와 무관한 BTL 비용이 있었다. BTL 부분에 대해서 광고대행사는 수수료를 받지 않고 그 부분에 대한 직접적인 서비스 요금만을 받았다. 여기에서 순수한 관리와 계산상의 편의에 의해 ATL은 커미션을 받을 수 있는 모든 광고 매체, BTL은 커미션을 받지 않는 활동으로 구분하여 사용한 것이 그 유래라고 한다.

현재 광고계에서 BTL은 브랜드가 고객과 직접 체험 커뮤니케이션을 통해 즉각적으로 상호 간의 마음을 주고받고, 교감할 수 있는 '라이브 미디어'의 의미로 그 중요성이 새롭게 인식되고 있다. 가령 소비자의 일상생활 속에 있는 스포츠를 활용한 마케팅은 단순히 스폰서십을 떠나서 소비자의 생활 속에 브랜드를 자연스럽게 노출하는 미디어로서 점점 그 영향력이 커지고 있다. 삼성전자의 올림픽 성화 봉송 프로모션이 좋은 예가 된다.

삼성은 전 세계 현지법인들이 브랜드, 제품 판촉, 홍보 등 통합 마케팅을 전개하기 위하여, 2004년 아테네 올림픽에서 올림픽을 상징하는 심볼 가운데 가장 감성적인 파워를 지녔다는 성화 봉송을 기획하였다. 성화가 거쳐 가는 24개국에서 1,900여 명을 주자로 선발할 수 있는 권한을 24개 현지법인에서 마케팅적으로 활용하도록 하여 마케팅 목적에 맞게 소비자, 거래선, 유명인으로 나누어 타깃에 맞는 툴을 활용하여 주자 선발 프로모션을 집행한 바 있다. 삼성은 온·오프라인 채널을 모두 활용하여 일반인을 주자로 선발하는 대 소비자 프로모션을 실시하면서, 주요 거래선, 미디어, 오피니언 리더 등을 주자로 참여시켜 '고객 감동'의 기회를 제공할 뿐 아니라, 성화 봉송 당일에는 다양한 브랜드 노출 관련 프로모션도 시행하였다. 성화가 지나가는 루트를 중심으로 옥외광고 등 다양한 브랜드 노출 활동을 실시하였고 릴레이가 시작되는 출발점이나 성화의 도착을 축하하는 환영 행사장에서는 제품 시연 등 양방향의 소비자 체험 마케팅 활동에 집중한 것이다. 가장 주목받은 것은 성화 행렬 맨 앞에서 축제 분위기를 조성하는 삼성의 캐러밴 행렬이었다. 성화 봉송 스폰서십 마케팅 활동으로 인지도 7% 상승이라는 큰 효과를 거둘 수 있었다. 이후 올림픽 현장에서는 OR@S(Olympic Rendezvous @ Samsung)라고 불리는 삼성 홍보관을 설치하고, 제품 전시, 선수관 이벤트 존 등 복합형 구조로 구성하였다. 이 가운데 선수와 가족의 만남의 장인 선수관은 삼성의 대표적인 올림픽 캠페인의 역할을 담당하고 있다.

무한한 가능성을 지닌 스포츠 스폰서십은 새로운 프로모션 돌파구를 찾는 기업들에게 블루오션이 되고 있다. 언제 어디서나 벌어지고 있는 스포츠 경기, 대단위 시설물, 다양한 이벤트 프로그램, 수많은 종목, 그리고 선수 등 스포츠가 지니는 자원은 끊임없이 활용가치를 제공한다. 기업들의 스포츠를 활용한 전략은 앞으로도 지속적으로 개발되고 활용될 전망이다.

누구도 놓칠 수 없는 기회, 엠부시 마케팅

2002년 월드컵 당시, 거리를 온통 붉게 물들이며 붉은색 천의 품귀 현상까지 일어났던 것을 모두 기억할 것이다. 이때 외쳤던 '대한민국'이란 구호와 엇박자 응원은 이제 모든 국가 대표 경기의 공식 응원 구호로 자리 잡았다. 이 응원이 전파된 배경에는 SK가 있었다. 월드컵 분위기에 편승한 SK의 응원 캠페인은 기업의 홍보 전략으로 주효하였다. 더욱이 이들은 붉은악마를 공식 후원하면서 월드컵 대회의 공식 스폰서가 아님에도 불구하고 월드컵 축구의 열기와 이미지를 활용한 마케팅 전략의 전형을 보여주었다.

푸마는 2002년 월드컵 기간 중 잠실야구장을 대여하여 푸마 매장을 방문한 고객들이 야구장에 함께 모여 응원할 수 있도록 하였다. 애초에 야구장 응원 행사는 월드컵 경기를 직접 볼 수 없는 축구팬들을 겨냥해서 준비했던 것이었으나, 막상 뚜껑을 열었을 때에는 30만 명이 몰려들면서 암표 거래까지 이루어졌다. 특히 푸마는 대회 전 대표팀 합류가 불확실했던 안정환 선수와 고액의 후원 계약을 체결했는데, 안정환 선수는 월드컵 대회 기간 중 결정적인 골을 두 개나 성공시켰고, 이 결과 2002년도에는 전년도 매출 340억 원의 3배인 1천억 원의 매출액을 올릴 수 있었다.

이와 같은 행위를 엠부시 마케팅이라고 한다. '엠부시 Ambush'는 '매복하여 습격하다'라는 사전적 의미를 가지고 있는데, 스포츠마케팅에서는 공식 스폰서가 아닌 기업이 공식 스폰서 기업들이 누리게 되는 혜택에 기회 편승하는 활동을 의미한다. 즉, 스포츠 이벤트에서 규정하는 스폰서십의 권리 보호를 교묘하게 피하여 그 스포츠 이벤트의 인기, 이미지, 권위, 분위기 등을 자사의 홍보 수단으로 연계시키는 전략을 말한다. 따라서 거액의 비용을 들여 스폰서십 권리를 획득한 경쟁사로서는 여간 골칫거리가 아닐 수 없다.

월드컵과 같은 국제적인 스포츠 이벤트는 인종, 언어, 문화, 정치, 종교 등을 초월하여 전 세계 공통의 관심사가 된다. 팬들은 이들 스포츠 이벤트에 매우 열정적으로 참여하고, 그것을 커다란 축제 행사로 여기고 있다. 때문에 모든 기업들에게 있어 대회 기간 동안 집중되는 팬들의 관심과 참여는 놓칠 수 없는 프로모션 기회가 되는 것이다. 이에 따라 거액의 비용을 지불한 소수의 스폰서 기업들과 기회를 놓치지 않고 엠부시 마케팅을 행하는 다수의 기업들 간의 수 싸움도 볼 만하다.

물론 스포츠마케팅의 교과서적인 논리에 의하면 거액을 지불하고 스폰서십에 참여하는 기업들의 독점적 권리를 더욱 철저히 보호해야 한다. 그래야만 차후에도 막대한 비용이 들어가는 스폰서십 계약을 유지하고 확대시킬 수 있으며, 이를 통해 스포츠 이벤트는 안정적인 수입을 보장받고 향후 대회 수준을 향상시켜 나갈 수 있기 때문이다. 그러나 법적 제재를 피할 수 있다면 기업들이 인기 있는 스포츠 이벤트의 기회를 그냥 방치하진 않을 것이다. 과거에는 뻔뻔스럽게도 대회의 로

고나 마크를 도용하는 일이 빈번하였다. 하지만 이를 방지하려는 법적 조치가 점차 강화됨에 따라 더욱 치밀한 전략적 방안들이 강구되면서 이제 엠부시 마케팅은 차라리 기업들의 마케팅 기법으로 여겨지고 있다.

주요 엠부시 마케팅 기법들

최근에 주로 사용되고 있는 엠부시 마케팅 기법들을 범주화시켜보면 다음과 같다.

첫째, 각 국가 대표팀 활용 전략이 있다. 최근에는 대표팀 용품 및 유니폼 후원 경쟁이 치열하다. 2006독일월드컵 본선 진출국들의 유니폼 스폰서를 살펴보면 이해가 빠를 것이다. 대한민국, 브라질, 네덜란드, 포르투갈, 멕시코, 크로아티아, 호주, 미국 등 8개국이 나이키로부터 후원을 받고 있으며, 독일, 스페인, 아르헨티나, 프랑스, 일본, 트리니다드토바고 등 6개국이 아디다스와 계약을 체결하고 있다. 또한 이전까지는 두 개의 용품사로 양분되었던 시장이 이제는 튀니지, 토고, 코트디부아르, 가나, 앙골라, 폴란드, 이란, 파라과이, 이탈리아, 스위스 등 12개국과 계약을 맺은 푸마와 잉글랜드, 스웨덴과 계약한 엄브로, 그리고 세르비아몬테네그로, 우크라이나와 계약한 로또, 코스타리카와의 호마, 그리고 에콰도르와 계약한 마라톤 등 7개 용품사들로 확산되었다. 이들 기업들은 자사의 브랜드 파워를 높이는 한편, 팬들이 응원전을 위해 유니폼을 구매하는 것만으로도 엄청난 실이익을 챙기고 있다.

둘째, 유명스타 활용 전략이 있다. 푸마의 안정환, 나이키의 박지성, 삼성의 히딩크와 아드보카트 등과 같은 인도스먼트 계약이 대표적인 예이다. 선수들이 골을 넣거나 파울로 잔디 위에 넘어져 있을 경우 노출되는 축구화 브랜드는 이들을 모방하려는 축구 마니아들에게는 절대적인 홍보 효과를 가진다. 이런 경우 해당 선수의 선전은 기타 스폰서 유형에 비해 단기간에 매우 강렬한 효과를 얻을 수 있다는 장점이 있는 반면, 해당 선수가 부상을 당하거나 대표팀에서 탈락될 수 있는 등의 위험 요소도 따른다. 감독의 카리스마와 리더십 역시 시장을 주도하는 브랜드의 상징으로 주요 홍보 전략에 사용되고 있다.

셋째, 경기장 주변에서의 프로모션을 들 수 있다. 경기장 주변에 이벤트 행사장을 설치 운영하는 것이 실구매로까지 이어지는 등 큰 효과를 보기 때문에 이러한 프로모션에 대해 스폰서 기업 외의 다른 기업들은 강력한 제재를 받게 된다. 이에 나이키는 2002년 당시 경기가 열리는 상암동 지역을 피해 여의도 부근에 나이키 파크를 설치하고 용품 전시 및 판매와 실내 축구 대회 등 다양한 이벤트를 통해 팬들의 관심을 불러일으킨 바 있다.

넷째, 개최 도시 옥외광고물 활용 전략을 들 수 있다. 경기장으로 이어지는 지하철 광고나 고층 빌딩의 광고물 게시를 통해 이루어진다. 2002년 당시 송종국 선수를 모델로 활용한 리바이스가 지하철 바깥 표면 전체를 광고로 감싼 예가 있고,

대형 빌딩마다 대표팀의 선전을 기원하는 현수막이나 사진들이 부착되기도 하였다.

다섯째, 방송 프로그램 광고 스폰서십이 있는데, 경기 중계방송 전후에 자사의 광고를 내보내는 것이 그것이다. 월드컵 경기의 광고 판매방식은 본경기의 패키지 판매방식과 경기 전 토막광고의 선매제 판매방식이 있다. 본경기의 패키지 판매권한은 월드컵 공식 스폰서의 독점적 지위를 주기 위해 기업들에게 선판매하였고, 여타 광고주는 공식 스폰서가 구매하지 않은 부분에 대해서만 구매할 수 있었다. 한편 토막광고에 대해서는 공식 스폰서와 관계없이 비공개 입찰 방식에 의거, 최고 단가 비율을 제시한 광고주에게 배정되었다. KT/KTF는 80억 정도에 월드컵 중계 경기 중 2/3에 해당하는 패키지에 5구좌로 독점적으로 집행할 수 있었고, SK텔레콤은 나머지 1/3 패키지와 재방송, 하이라이트와 토막광고 등을 위해 65억을 집행하였다.

2002한일월드컵의 광고료는 최하 700만 원에서 최고 3천만 원(한국예선전)을 상회하였다. 여기에 한국이 16강전 진출 시 120%, 8강 진출 시 150%, 그리고 4강전에 진출했을 때에는 200%의 할증이 돼 무려 15초 한 광고에 6천만 원이라는 초유의 광고단가 기록을 세웠다. 2002년 4월부터 6월까지 우리나라에서 방영된 전체 TV 광고는 총 431개로 그중 55개의 브랜드가 월드컵과 관련된 광고를 실시하였다. 그 가운데 17개의 브랜드가 월드컵 공식 파트너 또는 공급업체의 광고였고, 나머지 38개의 브랜드가 엠부시 광고로 나타나 월드컵 공식 파트너 또는 공급업체의 광고보다는 일반 기업의 엠부시 광고가 많은 것으로 나타났다(김병석, 2002).

여섯째, 서포터스를 활용하는 사례다. 특히 붉은악마 등의 서포터스는 해당 스포츠 이벤트와 직접적으로 관련되는 특성이 있어 큰 효과를 불러일으킨다. 단, 순수한 응원을 기대하는 입장에서 볼 때 상업화에 대한 우려와 부정적인 견해가 있는 것도 간과해서는 안 된다. 일례로 2006년 붉은악마의 스폰서 계약이 기존 엠부시 마케팅으로 큰 효과를 본 SK 대신 KTF로 바뀌는 과정에서 많은 잡음이 있었는데, 특히 SK의 경우 스포츠 이벤트에 대한 지나친 기회주의적 전략으로 기존 공익적 차원의 이미지를 잃어 비난의 여론이 일기도 하였다.

마지막으로 각종 기업들이 방송이나 신문광고, 및 인터넷 매체 등을 활용하여 축구, 대한민국, 팀 성적 등 월드컵 연상 용어나 이미지를 교묘하게 사용하는 홍보 전략을 꼽을 수 있다. 특히 국내 팀이 16강 등 기준 이상의 성적을 거둘 경우 할인혜택이나 경품을 제공하는 소위 보험 마케팅이 전형적인 예에 해당한다.

경기 주최자는 그 경기의 공식 후원사가 누릴 수 있는 혜택을 완벽하게 보호하기 위해 경쟁사들의 엠부시 마케팅 여지를 최대한 감독하고 줄여나가야 할 것이다. 그러나 이것은 분명 한계가 있는 만큼 비공식 후원사들의 틈새를 이용한 마케팅 활동은 계속될 것이다.

스타들의 이유 있는 돈벼락

스타덤의 유래 및 효과

　침체에 빠진 K리그에 박주영 선수가 데뷔하자 전년에 비해 두 배 이상의 관중이 모여들었다. 소속팀인 FC서울은 관중 수입의 증가 외에도 43억 원의 광고 효과를 보았다고 한다. 또한 이승엽 선수가 일본의 자바 롯데로 이적하였을 때에는 다섯 게임 만에 관중이 76% 증가하여 9,400만 엔(약 10억 3,400만 원)의 입장 수입을 올렸다. 이처럼 스타는 산업의 경제적 성장을 촉진시키는 촉매제라는 점에서 무시할 수 없는 경제적 요소임과 동시에, 대중문화를 주도하는 사회 문화적 요소이기도 하다.

이와 관련하여 러셀(Russell, 1993)은 스타 선수가 사회에 미치는 영향을 다섯 가지로 설명하고 있다. 첫째, 이상적인 사회상을 제공한다. 즉, 스포츠 스타를 닮으려고 흉내 내는 사람들이 이상적인 사회의 모습을 향해 노력하는 데 긍정적인 영향을 받아 삶의 방향을 올바르게 설정하게 된다는 것이다. 둘째는 '보상적 기능'으로, 사람들은 스포츠 스타를 통해 대리 만족감과 자신감을 얻는다. 셋째, 유대감을 형성하여 현대인의 고독과 자아 상실감을 극복할 동기를 부여한다. 즉, 팬클럽 등 그들을 좋아하는 사람들 간에 공감대를 이루어 타인과의 유대관계를 촉진시키는 것이 그 예이다. 넷째, 건강한 생활을 제공한다. 일례로 일반인들이 직접적인 신체 활동에 참여하도록 유도하여 건강한 삶을 누리도록 하는 것이 그것이다. 다섯째, 경제적 기능으로 거대한 경제적 파급 효과를 낳는다.

최초의 스타는 1910년대 미국과 유럽의 영화 매체에서 등장한 것으로 보인다. 이후 스타는 영화의 한 부분이 아니라 작품의 기획 단계에서부터 제작 및 흥행까지, 전체를 좌지우지하는 핵심 요소로 자리 잡게 되었다. 따라서 현대 문화에 있어서 스타를 활용하는 것은 안정적인 수익을 창출하기 위한 가장 기본적인 전략이 되었다.

스타덤 현상이 확산된 이유는 문화 상품이 일반적인 생산물에 비해 수요의 불확실성이 대단히 높다는 특성에서 비롯된다(Breton, 1982). 문화 산업에서는 특정한 문화 상품을 고정적으로 구매하려는 수요자를 안정적으로 확보하기 어렵다는 뜻이다. 즉, 스타덤 현상이란 문화의 생산자가 수요의 불확실성을 해소하는 전략을 탐색하는 과정에서 인기와 명성을 가진 인물들을 적극 활용하며 시작된 것이다. 현대 사회에서 스타는 비단 영화뿐 아니라 방송, 스포츠, 광고, 뉴미디어 등 다양한 매체에서 출현하고 있다. 이에 따라 영화나 방송에서는 작가나 감독이 스타를 염두에 둔 시나리오를 쓰거나 작품을 만들기도 하고, 스포츠 팀에서는 스타 선수 위주로 전략 전술이 조정되기도 한다.

선수 마케팅

연예계의 스타 마케팅이 스타 시스템의 주요 기법으로 자리 잡고 있듯이 스포츠에서도 선수 마케팅이 핵심적인 전략이 되고 있다. 선수 마케팅은 가능성 있는 선수를 발굴하여 체계적으로 육성·관리하는 매니지먼트는 물론 선수가 지니는 기량 및 이미지 등을 마케팅 도구로 활용하는 모든 활동으로 정의할 수 있다. NBA의 커미셔너인 데이비드 스턴은 공식적으로 스타 마케팅을 리그의 성공을 위한 핵심 사항으로 강조하고 각 팀마다 스타 선수를 육성할 것을 장려해 왔다. 스타 선수를 통해 경기력을 향상시키고 관중 수입 및 부대 수입을 높일 수 있기 때문이다. 특히 기업들의 스폰서 계약 고려 시 스타 선수 보유 여부는 중요한 고려 사항이 된다. 또한 스포츠의 세계화 추세로 선수들의 해외 이적이 활발해짐에 따라 거액의 임대 혹은 이적료 시장까지 형성되었다. 이러한 흐름에 따라 스타 선수들은 희소가치를 지니며 팀 간의 경쟁, 스폰서 기업들의 경쟁 및 방송사의 경쟁 속에서 거액의 연봉과 다양한 광고 수입을 올리고, 사회적 신분을 향상시키고 있다.

스타의 활용도를 중요하게 인지한 일부 팀들은 스타 선수들을 최대한 끌어 모으려고 한다. 야구의 뉴욕 양키스나, 축구의 레알 마드리드, 배구의 삼성 등이 좋은 예이다. 그러나 아이러니하게도 이러한 스타 군단 팀들이 생각보다 좋지 못한 성적을 거두는 경우가 많거나 인기가 떨어지는 경우도 있다. 이처럼 다른 팀들과의 경쟁 균형이 지나치게 무너질 경우 흥미가 반감되고 실망감을 줄 수 있는 위험 요소 또한 지닌 것이 스포츠 세계의 묘한 매력인 듯하다.

선수 인도스먼트

기업들이 스타 선수들과 맺는 개인 스폰서 계약인 인도스먼트는 스타 마케팅의 핵심 요소로 성장해 왔다. 마이클 조던이 게토레이 광고에 등장하면서 기존의 포카리스웨트가 주도하던 시장을 뒤집은 사례는 이미 잘 알려진 것이다. 인도스먼트의 광고 효과는 유명인사를 내세운 광고의 효과와 흡사하다. 즉, 팬들은 자신이 추종하는 선수와 닮아가고 싶은 욕구로 인하여 그 선수가 광고하는 제품을 사용하려 한다.

스타 선수를 광고에 사용할 경우의 장점은 무엇보다도 사람들에게 신뢰감을 주고, 이들이 지니는 매력과 전문성을 통해 제품에 대한 긍정적인 태도를 지니게 한다는 것이다. 다시 말해 사람들은 제품을 접할 때마다 무의식적으로 이를 광고했던 선수를 연상하게 되고, 이 선수가 지니고 있는 긍정적인 이미지와 자신의 선호도에 따라 해당 제품에 대해 비슷한 이미지를 갖게 되는 것이다. 뷰익 자동차가 타이거 우즈를 모델로 기용함으로써 '보수적이면서 노인층이 타는 차'라는 기존의 이미지를 젊고 강인한 최고의 이미지로 개선하려 했던 전략이 좋은 예이다. 이처럼 스타 선수의 이미지를 활용하면 제품이나 브랜드의 목표 이미지를 소비자들에게 각인시키기 용이해진다.

일반적으로 인도스먼트 광고의 경우에는 스타와 제품 간의 이미지 적합도가 중요하다. 그것은 스타 선수의 긍정적이고 특징적인 이미지가 제품이나 브랜드로 전이되기 때문이다. 박찬호 선수의 강속구와 컴퓨터 제품의 빠른 속도를 연계시킨 광고나, 화려한 용모의 마리아 샤라포바를 카메라 광고에 사용한 것이 좋은 효과를 본 예라 할 수 있다. 이때 주의할 점은 부상이나 사적인 물의를 일으켜 스타 선수들이 부정적인 이미지를 지니게 될 경우 제품이나 브랜드에 매우 위험한 요소가 된다는 것이다. NBA스타인 코비 브라이언트는 최고의 기량과 스타성에도 불구하고 성추행 혐의로 이미지가 실추된 바 있는데, 후원사였던 맥도날드는 자사의 이미지에 부정적인 영향을 미칠 것을 우려하여 그와의 계약을 종료한 사례가 있다.

이러한 측면에서 또 다른 중요한 분야가 선수 매니지먼트이다. 특히 에이전트는 전문 대리인들이 선수들의 연봉 계약은 물론 스폰서의 유치에서부터 각종 법률 및 재정적인 문제까지 관여를 하고 있다. 복싱 영웅 알리와 타이슨에게는 세계적인 프로모터 돈 킹이 있었고, 축구 스타 호나우두는 헤이나우두 피타와 알렉산드르 마르틴스라는 두 명의 에이전트 덕분에 유명 선수가 되어 천문학적인 규모의 수입을 올릴 수 있었다. 이처럼 선수가 우수한 기량을 발휘하고 자신의 이미지가 노출되기 위해서는 과학적이고 체계적인 선수 매니지먼트를 통해 잠재력 있는 선수를 발굴하여 육성하는 프로모션 시스템이 가동되어야 한다. 이러한 기능은 소속 구단 및 리그, 에이전트, 스폰서 기업 등이 주체적으로 행하게 되며, 이때 언론매체는 중요한 역할을 하게 된다.

한편 스포츠 스폰서십에 참여하려는 기업들은 선수 인도스먼트와 스포츠 이벤트 스폰서십 사이에서 고민을 하게 된다. 물론 선수 인도스먼트와 스포츠 스폰서십을 동시에 사용한다면 강력한 원투 펀치 마케팅을 제공하게 된다. 그러나 모든 기업들이 동시에 두 가지 방법을 사용할 만한 능력을 지닌 것은 아니다. 마케터는 각 캠페인의 궁극적인 목적에 따라 결정을 내려야 하는데, 낮은 위험도를 가지면서도 소비자와 고객에게 좀 더 광범위하게 접근하기 위해서는 이벤트 스폰서십이 권장되고 있다. 반면, 리스크를 감수하고 제품의 런칭 기간 등 브랜드 인지도와 이미지를 단기간에 강하게 어필하기 위해서는 선수 인도스먼트가 효과적인 대안이 되고 있다.

국내 스포츠마케팅의 발전을 위한 제언

냉철한 시장 분석은 마케팅의 시작이다

프로스포츠의 전반적인 시장성을 따지기 위해서는 국가의 경제 수준을 비롯하여 선수 수급 시스템, 도시의 총 인구수, 지역 주민의 개인 소득 및 소비 수준, 스포츠에 대한 관심도, 그리고 해당 연고 지역에 관심과 지원 능력을 지닌 기업 등의 관점에서 세밀한 조사 분석이 필요하다.

여기서 도시의 인구 규모만을 간략히 살펴보면, 얼핏 한국은 미국과 큰 차이가 없는 것처럼 보인다. 국내외 대부분의 프로스포츠가 지역 연고제를 택하고 있는 것을 고려할 때 각 도시의 인구를 비교해 볼 수도 있겠다. 서울(1,028만 명)은 오히려 뉴욕(801만 명)보다 많다. 2003년도 미국 프로 야구에서 가장 많은 적자를 기록한 텍사스 레인저스와 애틀랜타 브레이브스의 경우 도시 인구 수가 각각 33만 명, 42만 명밖에 되지 않는다. 그러나 이것을 해당 프랜차이즈의 시장권 내에 있는 주(State)개념으로 확장시켜보면 상황은 180° 달라진다. 즉, 텍사스 팀의 경우 연고 시장을 텍사스 주로 확대시켜보면 인구 수는 2,178만 명에 이르고, 애틀랜타 팀의 조지아 주는 819만 명에 이른다. 그러나 이처럼 거대한 시장과 함께 우리보다 18배 이상 높은 국가 경제 수준을 가진 미국임에도 불구하고 2003년 30개의 메이저리그 팀 가운데 적자를 기록한 팀은 무려 16개에 달했다. 다양한 수익원이 개발되어 있음에도 불구하고 날로 치솟는 선수들의 고액 연봉 등 지출 또한 그만큼 늘었기 때문이다. 따라서 이들도 시시각각 급변하는 새로운 시장 환경에 발맞추어 마케팅 전략을 끊임없이 계발하고 있다.

국내의 스포츠 시장은 여러모로 한계점을 지닌 것이 사실이다. 게다가 너무나 많은 스포츠 종목들이 운영되고 있다. 이들 간의 경쟁들도 어렵지만 국내 특유의 문화 상품들까지 고려한다면 상황은 더욱 심각해진다. 스포츠팬 프로파일과 유사한 젊은 청소년들은 스포츠가 아닌 인터넷 게임에 몰두해 있고, 화려한 음주 문화와 노래방 등 다른 나라에서 찾아보기 힘든 독특한 문화 산업도 경쟁적으로 존재하고 있기 때문이다. 따라서 현 시점에서는 무엇보다도 우리만의 스포츠마케팅의 정체성을 찾아야 한다. 즉, 근본적으로 다른 환경을 지닌 미국의 사례를 무조건적으로 모방하거나 부러워하기보다는 국내 실정에 맞는 마케팅 목표와 방향을 설정해야 한다는 것이다. 극단적인 가정을 해본다면, 국내 프로스포츠는 모기업의 홍보 수단이라는 비난이 일고는 있지만, 오히려 이러한 측면이라도 더욱 강조해야 할지 모른다. 그렇다면 미국 프로 농구에서는 금지하고 있는 기업명의 사용을 국내의 경우 지역 연고제와 혼용하면서도 기업명을 더욱 강조할 필요도 있을 것이다. 그리고 스포츠의 공익적 차원에서 세제 혜택 등 정부의 적극적인 개입도 필요할 것이다. 어쨌거나 중요한 점은 국내 여건에서 성공 모델을 만들어야 한다는 점이다.

국내의 경우 현재로서는 어쩔 수 없는 시장성의 한계가 있다고 하더라도, 리그나 구단 차원에서 마케팅 노력을 통해 극복할 수 있는 문제들이 산재해 있는 것이 사실이다. 이제 프로스포츠 리그 및 구단에서도 막연한 가능성에 대한 기대로 부분적인 마케팅 기법에 힘쓰기 전에 냉철한 내부 성찰과 시장 분석으로 돌파구를 마련해야 한다.

가장 기본적인 상품인 경기 수준을 향상시켜라

인기 종목을 중심으로 프로스포츠가 국내에 도입된 이후에 가장 자신감을 얻을 수 있었던 계기는 2002년의 월드컵 4강 진출이다. 이후 국내 팬들은 긴가민가하던 국내 축구 경기력에 대한 자부심을 느끼며 국내 리그에도 관심을 기울이게 되었다. 멀게만 느껴지던 야구가 WBC에서 미국과 일본을 이기고 4강에 진출하면서 새로운 희망을 던져주었다. 이는 단순히 정부 주도적 차원에서 육성된 올림픽 꿈나무들이 비인기 종목의 설움을 안고 희생한 세계 대회 업적과는 다른 차원이다. 스포츠마케팅의 꽃이라 불리는 대중의 인기와 시장의 원리를 바탕으로 한 프로스포츠에서의 성과이기에 스포츠마케팅에 대한 새로운 희망을 걸 수 있는 것이다.

그러나 아직까지도 대부분의 종목들에서 선수들의 체력과 기술력, 팀의 전술, 전략 및 훈련법, 심판진의 경기 운영 등 전반적인 경기 수준 등은 해외 스포츠에 못 미치고 있다. 팬들에게 즐거움을 선사하는 경기 내용이 아닌 이기기 위한 내부 경쟁에만 전력한다는 비판도 있다. 일부 종목에서는 선수들의 세대교체 등 새로운 스타 양성에 실패하고 있고, 지나친 용병 의존도로 인해 흥미가 반감되는 것은 물론 국내 선수들의 특정 포지션 기피 현상 및 기량 저하 현상이 일어나기도 한다.

특히 TV나 인터넷 등 매체의 발달로 국내 스포츠팬들은 세계 곳곳의 수준 높은 경기들을 쉽게 접하고 있다. 초기에는 마니아층에서 미국 MLB나 NBA, 유럽 축구 등을 시청하고 그 정보를 교환하였으나, 이제는 일반 팬들에게까지 그러한 현상이 폭넓게 확산되고 있다. 이에 따라 팬들은 관전 수준이 날로 높아짐은 물론 전문적인 분석 능력까지 갖추게 되어, 더욱 향상된 경기수준을 요구하고 있다.

선수들의 경기 능력 외에도 지루하게 지연되는 경기, 잦은

파울, 선수들 간의 폭력, 심판의 판정 시비, 진행요원의 권위적인 태도 등 원활한 경기 운영 또한 '경기'라는 품질 관리의 핵심적인 요소가 된다. 따라서 선수들은 경기력 향상을 위해 노력해야 함은 물론 팬들을 위한 경기를 보여주는 것에 만전을 기해야 한다. 진정한 팬 서비스란 경기 일정을 안내하는 현수막이나 하프타임 때 추첨으로 제공하는 경품, 혹은 선수 사인회 정도를 뜻하는 것이 아니기 때문이다.

영화나 드라마에서 좋은 배우와 스토리, 연출을 통해 높은 시청률을 확보하기 시작하면 그것에 가속도가 붙게 된다. 마찬가지로 스타성이 있는 선수 육성, 재미있는 경기, 지속적으로 팬들의 관심을 유발할 수 있는 마케팅 등으로 스포츠가 좋은 성적과 인기를 얻게 되면 팬들의 충성도를 확보하는 데 가속도가 붙는다. 대부분 한번 팬이 되면 쉽게 이탈하지 않는 스포츠 팬덤의 속성상 이를 바탕으로 높은 방송 가치와 광고 가치를 파생시킬 수 있다. 이 모든 상품가치를 높이기 위한 노력에 있어서 가장 중요한 열쇠는 경기력 향상에 있다.

스포츠 이벤트는 단막극이 아닌 연속극, 스토리 라인을 갖춰라

누구나 한 번쯤은 쇼 비즈니스의 결정체라 불리는 미국 프로레슬링(WWE)을 본 적이 있을 것이다. 그것이 실제가 아닌 쇼임에도 불구하고 수많은 관중을 동원하고 머천다이징 판매 등 거대한 파생 산업을 일으키고 있는 것은 왜일까? 다양한 이유와 주장이 있겠지만 확실한 특징 가운데 하나는 경기에 스토리가 있고 인물들의 캐릭터가 분명하며, 이에 따른 스타가 있다는 점이다. 단순한 액션 경기에 수많은 스토리 구조를 삽입하고 이 가운데 각 인물들에 캐릭터를 부여하는 것은 상당한 의미를 지닌다.

사실 이러한 과정은 단지 쇼 스포츠인 프로레슬링에만 국한되는 내용은 아닌 듯싶다. 마니아가 아닌 이상 일반 사람들에게 9회의 경기 내용과 시간이 요구되는 야구 중계방송은 다소 지루하게 느껴진다. 90분간 골이 터지지 않는 답답한 축구 경기가 싫증을 불러일으킬지도 모른다.

물론 스포츠 마니아들은 경기를 볼 때 단순히 치고 달리는 등의 행위만이 아니라 선수들의 동작 하나하나에 집중하며 묘한 심리 상황의 압박과 경쟁을 즐긴다. 또한 각 수비 위치 하나하나에도 신경을 쓰며 눈에 잘 보이지 않는 작전까지 감상하게 된다. 이와 더불어 기존에 벌어졌던 갖가지 에피소드들을 기억하며 주변 동료들과 이러한 정보를 교환하며 즐긴다. 마치 연속극을 보듯이 경기 속에서 스토리를 찾아 관전하며, 일반 사람들보다 풍부한 볼거리를 즐기고 있는 것이다.

그렇다면 일반 팬들에게도 이처럼 풍부한 볼거리를 누리게 할 수는 없을까? 최근에는 경기 전에 관전 포인트를 제시해주는 경우를 흔하게 볼 수 있다. 단순히 경기의 승패를 넘어서 다양한 볼거리를 느낄 수 있도록 가이드를 제시해주는 것이다. 일반 상품에 있어서도 같은 상품을 어떻게 포장하고 장식

하고 전시하느냐가 중요하듯이, 스포츠 경기 또한 같은 경기라도 어떻게 관람자에게 제공하느냐가 중요하다. 그러나 이미 외국 스포츠 중계에 익숙해져가는 팬들에게는 뭔가 부족하다.

　미국의 메이저 스포츠들을 보다보면 각 선수를 소개할 때 이전 경기 기록이나 다양한 데이터를 제공하는 것을 보고 감탄할 때가 많다. 또한 이러한 각종 데이터 제공만이 아니라 카메라 각도는 물론 다양한 경기 현장의 모습들을 담아내는 것을 볼 수 있다. 각 상황과 관련된 주요 사건 등이 있었다면 어김없이 그 순간에 자료 화면으로 제공된다. 비근한 예로, 보스턴 레드삭스가 밤비노란 애칭을 가진 전설적인 홈런 타자 베이브루스를 양키즈로 트레이드시킨 후 2004년까지 86년간 단한 번도 우승을 하지 못하여 생겨난 '밤비노의 저주'와 관련된 무수한 일화들을 들 수 있다. 2004년도 에인절스와의 경기에서는 관중석에서 타구를 맞아 이가 부러진 어린아이가 이전 베이브 루스의 자택에 살고 있다는 점을 들어 저주가 풀리는 징조라는 이야기 구조를 제공한 바 있으며, 실제 그 이후 10연승을 내달렸다. 이 밖에도 한 경기 상황에서 수많은 스토리 구조를 담아내고 있다. 각종 데이터를 제공하는 측면에서도 지난 보스턴의 월드시리즈에서 페드로 마르티네스에 대해 투구구질별 피안타율과 이에 따른 장단점, 그리고 좌우타자별 주요 구질 및 17곳의 투구 존과 이에 따른 피안타율 등 상세한 분석 자료가 제공되는 것은 부럽지 않을 수가 없었다. 이처럼 각 선수 및 경기 상황에 대한 다양한 데이터를 제공할 뿐 아니라 경기를 보다 쉽고 재미있게 이해시키기 위해 새로운 데이터 지수를 개발하는 데도 끊임없는 노력을 기울이고 있다.

단편적으로 한 경기가 아닌 각 선수들과 관중, 스태프가 펼치는 유기적인 협력 상황을 예전 경기와 현재 그리고 향후 경기의 연속선상에서 전달한다면 관전에 대한 이해가 한결 수월해지고 주말 드라마를 보듯이 연속적인 흥미를 느낄 수 있을 것이다. 이를 위해서는 기본적으로 다양한 데이터베이스를 구축하여 필요 시점마다 풍성한 기록과 시의 적절한 과거의 일화 등을 연관시켜 스토리가 넘쳐나는 자료 화면을 제공해야 한다. 팬들이 경기의 스토리를 접하면서 흥미를 느낌은 물론 경기를 분석하고 미래를 예측하도록 도와줘야 하기 때문이다.

이미지 관리에 주력하라

이는 선수들의 머리 염색이나 독특한 패션을 강조하자는 말이 아니다. 국내 팬들이 경기장에서 열광하는 것과 별도로 국내 스포츠리그, 구단 및 선수들로부터 일반인들이 느끼는 이미지가 어떠한지 파악해 볼 필요가 있다. 마이클 조던, 잭 니클라우스, 타이거 우즈, 마리아 샤라포바, 데이비드 베컴 등의 유명 선수들이 지니고 있는 이미지와 비교해보면 어떨까? 기량의 차이는 둘째 치고 그들이 풍기는 이미지와도 많은 차이가 있음을 느끼게 될 것이다. 그리고 이러한 이미지는 팬들과의 교감을 통해 형성될 때 더욱 큰 차이를 보이게 된다.

LPGA는 2002년 재정 위기 속에서 선수들의 기량을 끌어올리고, 팬 친화적 이미지를 강조하여 선수들에게 단정한 용모와 개성을 갖추고 팬들에게 친근한 태도를 지닐 것을 요구하였다. 그 결과 팬과 스폰서 기업들에게 가장 매력적인 스포츠 상품으로 거듭날 수 있었다.

국내 선수들은 여전히 팬들이 '가까이 하기에 멀게 느껴지는' 존재이다. 국내의 경우 경기 전후에 팬들과의 교감을 갖는 장면은 거의 없을 뿐 아니라 오프 시즌 기간에도 지역 팬이나 매체를 통한 홍보 활동은 찾아보기 힘들다. KT&G의 용병 단 테존스 선수가 경기 후 팬들과 다정하게 악수를 나누며 사인을 해주는 모습이 그나마 다른 프로 선수들에게 귀감이 되고 있다. 그러나 선수들의 개인 차원에서 이처럼 팬들에게 친근한 모습으로 다가가기 위해 노력하는 것에는 한계가 있으므로, 리그나 구단 차원에서 특별한 관리와 홍보 프로그램이 운영되어야 한다.

또한 국내에서는 해외와 같은 거액의 인도스먼트 계약사례나 선수들의 매체 활동이 극히 제한적이다. 물론 이것은 축구를 제외한 종목들에서 선수들의 개인 스폰서가 제도적으로 금지되어 있는 시스템 때문이기도 하다. 그러나 무엇보다도 선수들을 광고나 매체에 등장시켜서 좋은 이미지를 얻을 만큼 그들의 상품성이 덜 개발된 것을 이유로 볼 수도 있다. 좀더 구체적으로 말하자면 그들이 지니는 이미지가 대중이나 기업에 충분히 어필할 만큼 긍정적인 영향력을 지니지 못하는 측면도 있다는 것이다. 그 저변에는 학창 시절부터 정규 교육의 틀 밖에 있는 스포츠계라는 특이한 분위기 속에서 성장하여 일반 사회 문화와 괴리감이 존재하는 이유도 있을 것이다. 그러나 이제는 스포츠계의 이미지를 과감히 개선해야 한다. 따라서 일반 직장에서 사원들을 교육시키듯 선수들도 팬이나 스폰서 기업은 물론 매체를 상대로 할 때 갖추어야 할 기본적인 소양을 교육시키고 새로운 잠재력을 이끌어내야 한다.

이러한 측면에서 입단을 위한 최소 나이 제한을 시행하고, 사회 봉사활동에 선수들을 적극 참여시키면서 복장 규정을 강화한 NBA의 방침은 우리에게 큰 교훈을 준다. 이러한 노력들은 약물이나 폭력적인 갱스터와 같은 기존의 부정적인 이미지를 뿌리 뽑고 좀 더 건전하게 팬들에게 다가가고 스폰서 기업들이 요구하는 이미지를 갖추려는 노력의 일환이다. 아울러 철저한 이미지 관리 전략은 더욱 커다란 소비 수준을 지닌 주류 사회층을 공략하는 데에도 적합한 것으로 평가받고 있다.

효과적인 스포츠 스폰서십 계획

스포츠마케팅 분야 가운데 스포츠 스폰서십은 국내에서도 성공적으로 활용할 수 있는 가능성이 높은 분야이다. 그러나 몇몇 대기업들의 성공 사례에도 불구하고 불행히도 아직까지 많은 국내 기업들이 스폰서십 실행에 있어서 수많은 실행착오를 겪고 있는 모습을 보게 된다. 자사가 목표하는 소비자층과 스포츠 이벤트의 팬 성향이 일치하지 않거나 서로의 이미지가 부합하지 않는 경우가 대표적인 예이다. 아울러 스폰서십에 참여한 후 이와 연계된 통합 마케팅의 부실, 혹은 후속 조치가 미약하여 거액의 후원금을 들이고도 이를 극대화하지 못하는 경우도 종종 볼 수 있다. 그리고 기업들이 내놓는 스폰서십 효과 분석은 대부분 광고 단가라는 숫자에 현혹된 거품인 경우가 많다.

예를 들어 국내 시장을 목표하는 브랜드가 국제 스포츠 스폰서십에 참여하는 경우도 있지만, 이 경우에는 브랜드 노출의 효과가 국내에는 영향을 미친다 해도 해외에서는 그 브랜드명이 무엇을 뜻하는 글자인지 관심조차도 보이지 않는다. 심지어 어떤 국내 기업의 경우에는 대규모 해외 스포츠 이벤트의 타이틀 스폰서로 참여하면서 엄청난 인지도 상승 효과를 보았다고 했으나, 정작 대회조직의 공식 자료 등에는 수년간 타사의 이름이 대회명으로 사용된 경우도 있었다.

효과적인 스포츠 스폰서십을 위해서는 기본적으로 스포츠 프로퍼티property의 팬 성향과 브랜드의 목표 소비자 성향과 일치시켜야 한다. 또한 이들 간의 이미지를 연계시켜 자사의 포지셔닝 전략을 활용할 수 있는 통찰력이 필요하다. 뿐만 아니라 스폰서십 실행 후에는 냉철한 효과 분석이 뒤따라야 한다. 이를 좀 더 자세히 설명하기 위해 다음과 같이 스폰서십 계획 단계를 나누어 볼 수 있다.

첫 단계에서는 기업의 정체성을 토대로 구체적인 스폰서십 목표를 설정해야 한다. 즉, 자사의 내부 성찰을 통해 정체성을 확립한 후, 현장 판매 증진이나 목표 소비자층의 인지도 상승, 이미지 향상 및 개선 등 자사의 실정에 맞는 목표를 설정해야 한다. 모든 스폰서십 계획은 정해진 예산을 고려하고 브랜드의 정체성과 마케팅 목표를 바탕으로 실행해야 하는 것이다.

그 다음으로는 스포츠 프로퍼티를 결정해야 한다. 즉, 관심 있는 스포츠 이벤트에 대한 고려 사항으로 국제 대회, 국내 대회, 혹은 지역 대회 등 효력이 미치는 범위를 결정하고, 대회를 후원할지 아니면 선수 내지 팀을 후원할지 등을 우선적으로 결정하는 것이다. 이후에는 올림픽, 월드컵, 프로 야구, 혹은 프로 농구 등 구체적인 스포츠 자산을 결정해야 한다. 아울러 스폰서십 계약에 따라 얻게 된 권리의 범위 또한 협의해야 한다.

셋째 단계에서는 스폰서십을 고려하여 다른 마케팅 커뮤니케이션 도구들과 통합적인 전략을 수립해야 한다. 스포츠 스폰서십 또한 통합 마케팅 커뮤니케이션의 일부임을 명심해야 한다. 그리고 이러한 전략은 일시적인 것이 아니라 지속적이고 일관성 있게 실행해야 하기 때문에 스폰서십 계약을 맺을 당시에 지불한 권리 비용 외에 그 이상으로 비용이 추가적으로 소요된다. 스폰서십과의 연계 프로모션이나 후속 조치 및 관리 감독 등에 만전을 기해야 함은 물론이다.

마지막으로, 스폰서십 효과를 정확히 평가하려는 노력을 행해야 한다. 물론 스폰서십의 평가는 단순히 광고 단가로 환산

하여 계산할 수 있는 간단한 문제가 아니다. 특히 스폰서십을 통해 브랜드명이 얼마 동안 노출되었으므로 얼마의 광고 효과를 보았다는 홍보는 거의 대부분 부풀려진 효과로 여겨야 할 것이다. 지금까지 스폰서십 효과 분석을 위한 많은 평가 방법들이 동원되었지만, 메시지를 원하는 시간과 공간에 인위적으로 제공하는 일반 광고와는 다르기 때문에 평가에 어려움이 있다. 스폰서십을 통한 노출은 소비자의 관심을 얼마나 끌게 되었고 어떠한 메시지를 어느 정도 강도로 전달하였는지 등을 파악하기 어려운 것이다. 그러나 스폰서십의 평가 없이는 스포츠마케팅의 성공은 보장받을 수 없기에 이것은 지속적으로 발전시켜야 하는 과제로 남아 있다. 이때 평가 분석은 분명 스폰서십의 참여 목표에 기초하여 이를 달성하였는가에 초점이 맞추어져야 할 것이다. 냉철한 효과 분석이야말로 스포츠마케팅의 시작이자 끝이 될 것이다.

우리는 그동안 아시안게임, 올림픽, 월드컵 등의 굵직한 국제적 스포츠 이벤트를 성공적으로 개최해왔다. 뿐만 아니라 해외에서 인기 있는 대부분의 프로스포츠는 우리도 운영하고 있다. 물론 우리가 우려하고 있는 바와 같이 국내 프로스포츠 시장이 수익을 내기에 시장성이 충분하지 못하거나 전문적인 노하우가 부족할지도 모른다. 중요한 점은 지금까지 스포츠마케팅을 활용하고 발전시킬 수 있는 많은 기회를 아쉽게 놓쳤다는 것이다.

이제 단지 우리의 척박한 시장을 푸념하고, 해외 스포츠를 무작정 부러워하거나 따라만 해서는 안 된다. 우리도 우리 나름대로의 스포츠마케팅의 목표와 방향을 설정하고 실행해야 한다. 다행히 최근에는 우리도 몇몇 대기업들을 중심으로 스포츠마케팅의 가장 큰 시장인 스폰서십에서 큰 효과를 보는 사례가 늘고 있다. 이러한 성공은 자사의 이윤 추구는 물론 국민의 자긍심을 높이고, 우리 스포츠 산업계에도 노력 여하에 따라 기회와 가능성이 열려 있다는 점을 시사해준다. 2006년 스포츠 해를 통해 찾아온 스포츠마케팅의 기회, 이제 두 번 다시 놓치지 말고 이 기회를 즐겼으면 한다.

참고문헌

김병석, 「월드컵 TV 광고 효과 있었나」, 『KAA 저널』, 한국광고
    주협회, 2002, pp.7-8, pp.13-17, p.144.

김원제, 『미디어스포츠 사회학』, 커뮤니케이션북스, 2005.

김호석, 「스타덤과 팬덤」, 『현대 사회와 매스커뮤니케이션』, 한
    국언론정보학회, 한울, 2000, pp.398-420.

손형채, "미디어 컨버전스 그 당양한 대안들", 『제일기획 사보』,
    2005.9.

신현암 외, 『월드컵 이후의 8대 핵심 과제』, 삼성경제연구소,
    2002.

임상일, 『실감나는 스포츠 알기쉬운 경제학』, 두남, 2001.

조대현, 「애니메이션 팬덤 연구」, 서강대학교대학원 석사학위논
    문, 1998.

"KTF 홍보 제일 잘했다", 「파이낸셜뉴스」, 2002.7.18.

『월드컵의 경제적 효과 전망 조사』, 현대경제연구소, 2002a.

『포스트 월드컵의 발전 전략과 정책과제』, 현대경제연구소,
    2002b.

Adelman, M.A., *A sporting time: New York city and the rise of modern
    athletics, 1820~1870*, University of Illinois Press, 1986.

Bale, J., *Sports Geography*, Routledge, 2003.

Breton, A., *Introduction to an economics of culture: A liberal approach*,
    Cultural Industries, Unesco, 1982.

Gantz, W., "An exploration of viewing motives associated with
    television sports", *Journal of Broadcasting* 25, 1981, pp.263-275.

Lever, J. & Wheeler, S., "The chicago tribune sports page: 199-1975",
    Sociology of Sport Journal 1, 1984, pp.299-313.

Packianathan Chelladuari, *Managing Organizations for sport & physical activity*, Arizona: Holcomb Hathaway publishers, 2001.

Rader, B., *In its own image: How television has transformed sports*, Free Press, 1984.

Russell, *The Social Psychology of sport*, Springer-Verlag, 1993.

Wenner, L.A., *Playing the mediasport game*, in L.A. Wenner(ed.), Mediasport, London: Routledge, 1998, pp.3⁻13.

스포츠마케팅의 세계

| 펴낸날 | 초판 1쇄 2006년 4월 30일 |
| | 초판 3쇄 2013년 10월 31일 |

지은이	**박찬혁**
펴낸이	**심만수**
펴낸곳	**(주)살림출판사**
출판등록	1989년 11월 1일 제9-210호

주소	**경기도 파주시 문발동 522-1**
전화	**031-955-1350** 팩스 **031-624-1356**
기획 · 편집	031-955-4662
홈페이지	http://www.sallimbooks.com
이메일	book@sallimbooks.com

| ISBN | 978-89-522-0502-2 04080 |

122 모든 것을 고객중심으로 바꿔라 eBook

안상헌(국민연금관리공단 CS Leader)

고객중심의 서비스전략을 일상의 모든 부분에 적용해야 한다는 가르침을 주는 책. 나 이외의 모든 사람을 고객으로 보고 서비스가 살아야 우리도 산다는 평범한 진리의 힘을 느끼게 해 준다. 피뢰침의 원칙, 책임공감의 원칙, 감정통제의 원칙, 언어절제의 원칙, 역지사지의 원칙이 사람을 상대하는 5가지 기본 원칙으로 제시된다.

233 글로벌 매너

박한표(대전와인아카데미 원장)

매너는 에티켓과는 다르다. 에티켓이 인간관계를 원활하게 해주는 사회적 불문율로서의 규칙이라면, 매너는 일상생활 속에 에티켓을 적용하는 방식을 말한다. 삶을 잘 사는 방법인 매너의 의미를 설명하고, 글로벌 시대에 우리가 기본적으로 갖추어야 할 국제매너를 구체적으로 소개한 책. 삶의 예술이자 경쟁력인 매너의 핵심 내용을 소개한다.

350 스티브 잡스 eBook

김상훈(동아일보 기자)

스티브 잡스는 시기심과 자기과시, 성공에의 욕망으로 똘똘 뭉친 불완전한 사람이었다. 하지만 동시에 강철 같은 의지로 자신의 불완전함을 극복하고 사회에 가치 있는 일을 하고자 노력했던 위대한 정신의 소유자이기도 하다. 이 책은 스티브 잡스의 삶을 통해 불완전한 우리 자신에 내재된 위대한 본성을 찾아내고자 한다.

352 워렌 버핏 eBook

이민주(한국투자연구소 버핏연구소 소장)

'오마하의 현인'이라고 불리는 워렌 버핏. 그는 일찌감치 자신의 투자 기준을 마련한 후, 금융 일번지 월스트리트가 아닌 자신의 고향 오마하로 와서 본격적인 투자사업을 시작한다. 그의 성공은 성공하는 투자의 출발점은 결국 자기 자신이라는 점을 보여 준다. 워렌 버핏의 삶을 통해 세계 최고의 부자는 어떻게 만들어지는가를 살펴보자.

145 패션과 명품

eBook

이재진(패션 칼럼니스트)

패션 산업과 명품에 대한 이해를 돕는 책. 샤넬, 크리스찬 디올, 아르마니, 베르사체, 버버리, 휴고보스 등 브랜드의 탄생 배경과 명품으로 불리는 까닭을 알려 준다. 이 밖에도 이 책은 사람들이 명품을 찾는 심리는 무엇인지, 유명 브랜드들이 어떤 컨셉과 마케팅 전략을 취하는지 등을 살펴본다.

434 치즈 이야기

eBook

박승용(천안연암대 축산계열 교수)

우리 식문화 속에 다채롭게 자리 잡고 있는 치즈를 여러 각도에서 살펴 본 작은 '치즈 사전'이다. 치즈를 고르고 먹는 데 필요한 아기자기한 상식에서부터 나라별 대표 치즈 소개, 치즈에 대한 오해와 진실, 와인에 어울리는 치즈 선별법까지, 치즈를 이해하는 데 필요한 지식과 정보가 골고루 녹아들었다.

435 면 이야기

eBook

김한송(요리사)

면(국수)은 세계 각국으로 퍼져 나가면서 제각기 다른 형태로 조리법이 바뀌고 각 지역 특유의 색깔이 결합하면서 독특한 문화 형태로 발전했다. 칼국수를 사랑한 대통령에서부터 파스타의 기하학까지, 크고 작은 에피소드에 귀 기울이는 동안 독자들은 면의 또 다른 매력을 발견할 수 있을 것이다.

436 막걸리 이야기

eBook

정은숙(기행작가)

우리 땅 곳곳의 유명 막걸리 양조장과 대폿집을 순례하며 그곳의 풍경과 냄새, 무엇보다 막걸리를 만들고 내오는 이들의 정(情)을 담아내기 위해 애쓴 흔적이 역력하다. 효모 연구가의 단단한 손끝에서 만들어지는 막걸리에서부터 대통령이 애호했던 막걸리, 지역 토박이 부부가 휘휘 저어 건네는 순박한 막걸리까지, 또 여기에 막걸리 제조법과 변천사, 대폿집의 역사까지 아우르고 있다.

253 프랑스 미식 기행 `eBook`

심순철(식품영양학과 강사)

프랑스의 각 지방 음식을 소개하면서 거기에 얽힌 역사적인 사실과 문화적인 배경을 재미있게 소개하고 있다. 누가 읽어도 프랑스 음식문화에 대해 어느 정도 이해할 수 있도록 복잡하지 않게, 이야기하듯 쓰인 것이 장점이다. 프랑스로 미식 여행을 떠나고자 하는 이에게 맛과 멋과 향이 어우러진 프랑스의 역사와 문화를 소개하는 책.

132 색의 유혹 색채심리와 컬러 마케팅 `eBook`

오수연(한국마케팅연구원 연구원)

색이 인간에게 미치는 영향과 이를 이용한 컬러 마케팅이 어떤 기법으로 발전했는가를 보여 준다. 색은 생리적 또는 심리적 면에서 사람들에게 많은 영향을 미친다. 컬러가 제품을 파는 시대'의 마케팅에서 주로 사용되는 6가지 대표색을 중심으로 컬러의 트렌드를 읽어 색이 가지는 이미지의 변화를 소개한다.

447 브랜드를 알면 자동차가 보인다

김흥식(「오토헤럴드」 편집장)

세계의 자동차 브랜드가 그 가치를 지니기까지의 역사, 그리고 이를 위해 땀 흘린 장인들에 관한 이야기. 무명의 자동차 레이서가 세계 최고의 자동차 브랜드를 일궈내고, 어머니를 향한 아들의 효심이 최강의 경쟁력을 자랑하는 자동차 브랜드로 이어지기까지의 짧지 않은 역사가 우리 눈에 익숙한 엠블럼과 함께 명쾌하게 정리됐다.

449 알고 쓰는 화장품 `eBook`

구희연(3020안티에이징연구소 이사)

화장품을 고르는 당신의 기준은 무엇인가? 우리는 음식을 고르듯 화장품 선택에 꼼꼼한 편인가? 이 책은 화장품 성분을 파악하는 법부터 화장품의 궁합까지 단순한 화장품 선별 가이드로써의 역할이 아니라 궁극적으로 당신의 '아름답고 건강한 피부'를 만들기 위한 지침서다.

eBook 표시가 되어있는 도서는 전자책으로 구매가 가능합니다.

(주)살림출판사
www.sallimbooks.com
주소 경기도 파주시 문발동 522-1 | 전화 031-955-1350 | 팩스 031-955-1355